まんがでわかる

D・カーネギーの「人を動かす」「道は開ける」

Essentials of Dale Carnegie's
How to Win Friends and Influence People & How to Stop Worrying and Start Living

〔まんが〕nev　〔監修〕藤屋伸二

宝島社

まんがでわかる

D・カーネギーの「人を動かす」「道は開ける」 目次

おもな登場キャラクター

長村 こずえ
都内の大学生で、父と兄との3人暮らし。家業の長村電器の手伝いの際、踊りの稽古を目撃し、芸妓の世界に興味を持つ。

長村 悦郎
こずえの兄で、長村電器では社員として父親を手伝う。市子に一目惚れし、相応しい男に成長したいと望むが……。

佐倉 市子
置屋「華の家」に所属する芸妓。アルバイトで華の家に世話になることとなったこずえにとっては、"姐さん"にあたる。

須山 留理子
こずえと同じサークル（ラクロス）の友人。親切でよく気がつくが、半面、心配性なところも。

野崎 潤介
悦郎の中学時代の同級生。商社マンで、海外勤務を終えて悦郎と久し振りに再会する。

※このまんがはフィクションです。登場する人物、団体名などはすべて架空のものです。
※本書では、監修者のアドバイスを基に、原書の論旨をかみ砕いて紹介しています。
※本編の引用文は、『人を動かす 新装版』『道は開ける 新装版』（デール・カーネギー 著、ともに創元社）より抜き出し、適宜表記を統一したものです。

Chapter
1

人を動かすための基本とは何か?

デール・カーネギーの名著『人を動かす』は、
どのようにすれば自分の味方を増やし、
自分の利益となる行動を人から
引き出すのかの知恵をまとめた本だ。
といっても、それは巧妙に人を操る術ではない。
むしろ、誠実に一人ひとりと向き合い、
その人に関心を持つことからすべては始まる。

何人かの芸者さん達が
踊りのお師匠さんの指示に
あわせて舞い踊る
生まれて初めて
出逢った緊張感に
あふれた風景
そして何よりも
やさしく凛とした
芸者さん《彼女》の美しい
佇《たたず》まい
そのすべてに
私――長村こずえは
一目で魅了されて
しまったのです――

コンビニは？
却下
ファミレス
却下！
カラオケの受付 楽でいいよー？
却下ってば！
じゃどんなのがいいのよ？
どんなっていうか……
長村 こずえ
都内の大学生
そーゆー「普通の」じゃないもの がいいの！
バイト選ぶだけなのに随分とこだわるねえ
須山 留理子
こずえと同じサークルの友人
せっかくやるなら違う世界を見てみたいみたいな…
とにかくありきたりじゃイヤなんだよね
たとえば？
それが思いつかなくて困ってるんだよー
難儀だねー
お家の手伝いじゃだめなの？
手伝いはいつもやってるもん！
あー だよね

私の家――
「長村電器」は
長村電
下町の古い商店街にある昔ながらの小さな電器店です
私が幼い頃母が亡くなった後は
電器店の社長である父と私
そして就職浪人の末現在電器店の社員である兄との3人暮らしをしています
ただいまあ
おお こずえおかえり
腹へったぞー
いまからつくるから
お兄ちゃんまたズボン脱ぎっぱなし！
んー…
机の上も早く片してよね⁉
ハイハイ
長村 悦郎
こずえの兄
長村電器社員
返事は1回！
ハーイ…
こんな調子で頼りない兄なのです
そうだ 悦郎
明日なんだが午前中 6丁目の見番に行ってくれるか？
カチャ
カチャ

ケンバン？
いいけど… なんで？
夕方電話があってな 稽古の様子を録画したいがビデオとテレビが上手く繋がらないんだと
そんなの 説明書見ればいいのに…
ま これも営業だ
ハハハ
ねえ ケンバンって何？
芸者さんと料亭や置屋の窓口をしている事務所のことだよ
えっ
この辺にも芸者さんなんているの!?
なんだ こずえ お前知らなかったのか
あの辺りは昔から芸者遊びができる花街なんだぞ？
へえー…
芸者さんかあ……
ドラマや映画で観る位の知識しかなかったけど
私の知らない世界がそんなすぐそばにあったなんて……！
——で

何でこずえもついてきてるんだよ!?
助手って…大学は？
助手よ！
今日は午前中休講なの
いーでしょ？妹の社会勉強だと思えば
お兄ちゃんのうっかりグセも見張っててあげるよ！
…邪魔はするなよ？
わかってるって！
長村電器さんですね？
いらっしゃいませ
佐倉 市子
置屋「華の家《や》」所属の芸妓
早い時間からありがとうございます
ご案内します
うわぁ…きれいな人
ハハイ
ぽーー…
はっ
ちょっとお兄ちゃん！

大丈夫？
ここ 初めて来た訳じゃないんでしょ？
いいや
前は玄関口でもっと年配の人に対応してもらってたから……
なんだー
お母さんお見えになりました
ああありがとう
そこにあるから対応お願いね
はい
うわあ……!!
これって踊りのお稽古？
お師匠さんも生徒さんもすごい緊張感……!!

すみません
機械は
弱くって…
いいえ…
これで撮った
動画をこのテレビで
すぐ見られるように
したいのだけど
上手くいかなくて
ええと
これは
事務所の
テレビ用に
設定している
ので…
お兄ちゃん
緊張しすぎ…
すすぐに
直します
ええと
せっかくなので
接続したらすぐに
ビデオ入力に
切り替わるように
設定しましょうか？
助かります
そこ！
手をもっと
伸ばして
もう少し体を
こちらに見せて！
…興味
あるの？
あっ
ハイ
あの私
芸者さんって
初めて見るので
珍し…ええと
新鮮で…
個人差は
あるけれど…
最近は大学生の
バイトさんも
受けつけてるのよ
え
本当
ですか⁉
ああして 踊りや
お囃子を覚えて
お座敷でご披露
するのよ
は－…
みなさんは小さな頃
から練習されて
いるんですか？
ジロリ
やば
し－…
あので
できました…

パッ
これで…
繋いで
再生すれば
大丈夫です
わあ
すごい
ありがとう
ございます！
おっ
お兄ちゃん
あ
助かりました
丁寧にして
いただいて
お兄ちゃん
チョーシ
のってる
いっ
イエイエ！
アハハ
また 何か
ありましたら
いつでも
ガシャン
ガン
!?
三脚
倒してる!!
あああ
すすみま
せん…！
角に
へこみが…！
もっ申し訳
ありません…!!
ちょっと！
騒がしいわよ
一体
どうしたの？
お母さん
良くして
いただいたの
ですけど
ちょっとはずみで
ビデオカメラを
倒してしまって
あら
撮れなく
なったの？
いいえ
機能は
問題なく
うるさいね
さっきから
稽古の邪魔よ
使えない業者なら
出入り禁止に
しなさいな！
ひぃぃ
そそれ
だけは
すみません
すみません
…!!
どうか…
すっ

大丈夫
これまで きっちり仕事をしていただいているのだもの
こんなことはもうないってちゃんとわかっていますから
は…はい!!
す…すみません…!!
長村さん
どうぞ立ってくださいな
お母さん ここは…
…………
そうね
幸い機能に支障はないみたいだし
華の家さんとこがいいなら私は構わないよ
フン
ありがとうございます
今度またうちの置屋にも来てちょうだいね
買い替えたいものがあるのよ
ははい ぜひ
ありがとうございます…!!

かっこいい…!!
……うん
決めた!
何を?
あの女の人もお母さんも素敵だったねえ……!
踊ってる人達もきれいだったなあー
大人の女性…
天使…
ああ…
あの人のためなら何でもするよ……!
私
バイトのこと!
芸者さんになる…!!
そして後日
市子さんの在籍する置屋「華の家」に連絡を取り面接
晴れて芸妓見習いとしてアルバイトを始めることになったのです

市子さん…いえ 小いち先輩ですね
よろしくお願いします！
私服も素敵〜！
小いち姐さんて呼んでね
ご家族は大丈夫だったの？
芸妓といってもアルバイトのため当面は見習いです
主な仕事はお運びやお酌をしたり芸妓さんのサポートをすること
父は華の家さんの所って言ったら行儀作法を教えてもらいなさいって乗り気でした
そう
兄は最初はお前にできる訳ない！って言ってたんですけど……
あ
どうしたの？
市子さんにあう口実が増えるよー♫
フフフ
うう
っと これはヒミツなんだった
いえ！
最終的には許してくれました
着物一式を貸していただき
着つけも慣れるまでは手伝っていただきます
わあー……！
かわいい！
よく似合っているわよ！
あ ありがとうございます
源氏名は「小はる」とつけていただきました
なんか下がスースーします
そうなのよね
下着はつけないのです

TAXI
初仕事は 料亭でお客様の 接待です
お客様の動きを見て お酒を切らさないように注意してね
はは い!
お迎えの前に料亭で他の置屋の芸妓さんと合流します
華の家に新しく見習いで入りました 小はるです よろしくお願いします!
新人さんね よろしく
小いちさん 段取りについてちょっと
はい
…あなた いくつなの?
あ はい 19です!
置屋「きく里」の芸妓 明里《あかり》さん
ん?
そう 若いのねえ
……足引っ張らないでね?
……ははい
君 今日が初めてなんだって?
ワイ
ワイ
はハイ!

そうか
じゃあ君も飲みなさい！
あっ
いえ私 まだ未成年なので
19？
ほー そりゃ若い！
まだ学生さんか
ワイワイ
明里ちゃん こりゃ最年少の座を奪われたなぁ
ハハハ…
え ええ…
？
サークルは何か入ってるの？
あはい ラクロスサークルです
ほおー ハイカラだねえ
うぅ 足がしびれるよー
もぞもぞ
あ もうグラスがカラだ
あの ビール追加お持ちします
頼むよ
ホッ
よいしょ
ズル
！
？
わ…
ドシャ!!
スー
きゃあ

どうした⁉
ザワ
ハハハ…
小はるちゃん うっかりさんだな
あらあら…
お兄さん お服 汚れませんでしたか
いや わしは大丈夫
ザワ
小はるちゃん 正座で足がしびれたんだろ
あ いえ あの
急に足に お盆が…
気をつけなさいな！
いくら新人だからって
お客様の前で みっともない！
フン
この人…！
ちょっと あなた いま わざと
お兄さん方
小はるちゃん
お見苦しいところを申し訳ありません
いやいや
ハハ
ハハ
新人さんならではだね いいものを見せてもらったよ
ハハハ
小いち姉さん…

そして
その後はなんとか
無事にお座敷の
時間が終了したの
でした
どういう
つもりですか？
どういうって
何？
とぼけないで
ください
さっきわざと
転ばせたじゃ
ないですか！
……
いやだ
あなた
自分の失敗を
人のせいに
するの？
最近の子は
怖いのねえ？
かあぁーーッ
こっ
この人……！
まあまあ
明里さん
小はるちゃんは
今日が初日なので…
不手際が多くて
すみません
ここは私に任せて
お手柔らかに
お願いするわ
ね
…そ
そう
にっこり
仕方ない
わね…

置屋「華の家」
お母さん 無事終わりました
おかえりなさい お疲れ様!
小はるちゃん 初日はどうだった?
少し 失敗しちゃって…
あら まあ
小はるちゃん
ぷう
…さっきのこと 私が味方しなかったことが不満?
お母さん 少しここで小はるちゃんと時間もらっていいですか
うちは構わないよ
あの人がわざと意地悪したこと
小いち姐さんだってわかってたんでしょう?
どうしてあのときそう言ってくれなかったんですか!
……確かに
私があなたをかばって抗議することはできるわ でもそれで「意地悪をして悪かった」と彼女に心の底から思わせることなんてできると思う?
え
できないんですか?
泥棒ですら理屈をこねて自分の行為を正当化するのよ?
「鍵をかけてないのが悪い」「盗りやすい場所に置いておくのが悪い」……
普通の人なら推して知るべし

いくら正論でも責めればかえって反発心を招くだけ……
カーネギーという人がね こんなことを言っているの
他人のあら探しは、なんの役にも立たない。相手は、すぐさま防御体制をしいて、なんとか自分を正当化しようとするだろう。それに、自尊心を傷つけられた相手は、結局、反抗心を起こすことになり、まことに危険である。
――『人を動かす』D・カーネギー　P.14〜15――
カーネギー？
デール・カーネギー
人間関係の問題を解決したり自己実現に成功する生き方を説いたアメリカの人よ
私も お母さんにすすめられて本を読んだのだけど
その人はね「人を非難する代わりに 相手を理解するように努めなさい そうすれば人を許せるようになる」…って
今日のヒントは「人は誰でも自分を認めてほしいと思っている」ってこと
「自分に注目してほしい」「重要な存在として扱ってほしい」という気持ちは誰もが持ってる
はー……
そこを上手くついてあげるの
…で でもどうやって？
自己の重要感を満足させる方法は、人それぞれに違っており、その方法を聞けば、その人物がどういう人間であるかがわかる。自己の重要感を満足させる方法によって、その人間の性格が決まるのである。
――『人を動かす』D・カーネギー　P.37――
やり方は人それぞれよ
仕事 芸術 奉仕活動等々…
あるいは悪いことをして注目を集める人もいる
でも「どうしてそんなことをするのか」を理解して接すれば
自分にとって利益のある行動は必ず引き出せるはずなの
…あなたのお兄さんの先日の失敗のこともそうよ
あのとき彼は十分責任を感じていた もうあれ以上ミスを責める必要はなかったわ

それで あのとき…
確かに あれが きっかけで
お兄ちゃんも私も「華の家」さんへの印象がすごくよくなったんだ
人の行動を強制することはできない こちらがやり方を工夫して引き出すしかないの
だから相手を知る…ってことなんですね
ええ
「相手の立場に立つ」というのは そのために必要なことなのよ
人を動かす唯一の方法は、その人の好むものを問題にし、それを手に入れる方法を教えてやることだ。これを忘れては、人を動かすことはおぼつかない。
――『人を動かす』D・カーネギー　P.51――
これからも明里さんと一緒に仕事をしたり踊りの練習で居合わせたりする機会があると思うわ
そのときもう少し親切にしてほしいのであれば…
私が接し方を工夫する…ってことかぁ
……明里さん
もしかしたら自分より若い私が入ったせいで面白くなかったのかな
私があの人の立場なら
どんな新人ならかわいがってあげたいだろう…
順調とはいきませんでしたが
こうして私は芸妓としての第一歩を歩き始めたのでした――

Chapter 1

〝人を動かす〟には、まず相手を理解することから

凶悪犯だって「自分は正しい」と考えている

「あいつは遅刻ばかりだ」「何度注意しても直さない」「なぜ、あんなことをして平気なのか」などと部下や家族の〝間違った言動〟に不満を感じている人は多い。だが、カーネギーによれば、こうした不満から相手を注意したり、説教したりしても、何の効果もない。なぜなら、当人はそれを〝間違った〟言動だとは思っていないからだ。本人にしてみれば、自分の言動は、いつでも〝正しい〟し、根拠もある。

そもそも人間には、自分の行動を正当化する性質がある。どんなに客観的に不利な証拠があっても、「自分が悪い」とは思いたがらない。実際、刑務所にいる受刑者さえ、自分は〝悪人〟だと思っていない。悪事を働いたのには十分な理由があり、自分は正しいと信じているのだと、カーネギーは指摘する。

カーネギー流の人を動かす基本原則（左ページ図）でまず大切なのは、自分の基準で人を評価したり決めつけて批判・非難をするのをやめること。その代わりに、相手を理解するように努力する。なぜそんな行動をしたのか？　なぜそんないい訳（正当化）をするのか？　そこには、その人が大事に思う何かがあるはずだ。相手を責める前に、相手の性格をつかみ、言動に至った理由を聞くように努めよう。

「重要な存在でありたい」気持ちを満たす

人を動かす2つ目の原則は、誰もが抱く「重要な存在でありたい」という欲望を満たしてあげること。自己の重要感ともいい、「大切にされたい」「他人に認められたい」という気持ちのことを指す。人が地位や役職を欲しがったり、感謝されたり表彰を受けると嬉しがるのは、この特性の表れだ。

自己の重要感を満たす方法は人それぞれ違う。そのため、3つ目の原則として、相手の価値観に従って「欲しい」という気持ちを起こさせ、それを満たす、という配慮が必要になる。たとえば、子どもに煙草を吸わせたくないなら、「煙草なんてやめろ」などと頭ごなしに禁止しても効果はない。煙草を吸うと長生きするのが難しいことや、スポーツで不利になりやすいなど、本人にとって関心の高そうな不利益を説明してやる必要がある。つまり、相手の立場で考え、その人の「周囲より優れていたい」という根本的な欲求を刺激してやる工夫がカギになるのだ。

☑ 人を上手に操縦するための3つの基本原則

① 相手を攻撃して従わせようとしてはならない

➡批判や非難、苦情を言っても望む結果は得られない。相手の“習性”を理解し、その立場や考え方を理解すること。相手を知れば、その分、許せるようにもなる。

②「重要な存在でいたい」気持ちを満たしてやる

➡人間が抱く最も深く強い欲望は「重要な存在でありたい」という気持ち。真心から褒める（賞賛する）ことでその気持ちを満たすことができる。

③ 強い欲求を起こさせ、それを満たす方法を教える

➡ある行動を引き出したいなら、それによって生じる相手の利益を話題にする。そして「欲しい」気持ちを引き出し、それを手に入れる方法を助言する。

カーネギーとは どんな人物だったのか？

人間関係の神様ともいわれるカーネギーが生まれたのは1888年。アメリカ中西部の農家に育ったカーネギーは、貧乏暮らしで、家に現金がある日はほとんどなかったという。

高校時代には、当時アメリカで流行していたシャトーカ夏期文化教育集会（音楽や勉強会で交流する大人向け文化講習会）のスピーカーに感嘆し、弁論を研究することを決意した。

大学卒業後は、教師やセールスパーソンなど様々な仕事を経験した。どの仕事も長続きしなかったが、高校時代の志を思い返して、弁論に関する仕事を始めることを決意。ＹＭＣＡに頼み込み、小さなクラスで「話し方」の夜間講座を開始した。

カーネギーの努力もあって、クラスは大人気となる。２年後にはＹＭＣＡを辞め、デール・カーネギー研究所を開設。その後人気は爆発的になり、カーネギーが死去する1955年までに研究所はアメリカ国内750カ所、世界15カ国に広がった。

カーネギーがこの世を去った後も、人気は続いた。コースは発足以来現在までに、世界90カ国以上で開催され、900万人以上が修了している。そして、著書『人を動かす』は日本で430万部、世界で1500万部を売り上げたという。

いまでこそ世界的に知られるカーネギーだが、当時は別のカーネギーが圧倒的に有名だった。鉄鋼業で大成功を収めた実業家アンドリュー・カーネギーだ。ニューヨークのカーネギーホールは、こちらの鉄鋼王が建設した。本書のカーネギーは、伝説のカーネギーにあやかる作戦だったのか、自分の名前のスペルをCarnageyから鉄鋼王と同じCarnegieに変えている。

Chapter
2

どうすれば信頼関係を築けるのか?

自分に好意を抱いてもらうには、
それなりに方法がある、とカーネギーは言う。
相手に対する友好的な感情を抱くことはもちろんだが、
気持ちはただ思っているだけでは伝わらない。
適切な態度や行動で示すことによって、
初めて相手も心を開いてくれるようになる。
好意を自然に表現し、好意を得る秘訣を見ていこう。

今日は見番で踊りの稽古です
ザァァァ
たしか 明里さんも来るはずなんだよね
「接し方を工夫する」って言っても よくわからないけど…
まずは基本 あいさつから頑張ってみよう!
!
バサ
噂をすれば明里さんだ
よ よし…!
ゴク
おはようございます!
あの
!
バサ
今日はよろしくお願いしま…
あ
すい
……うぅ
……無視かぁ

いやいや
そんなすぐには変わらないでしょ
ぐ…
こーやって続けるしかないんだわ
めげないぞ!
おーっ
!
あら小はるちゃん
そうか
今日は踊りの稽古の日なのね
稽古場では小いち姐さんから教えてもらった通りにお稽古の準備をします
カーテンを開ける
お師匠さんのいすを準備
舞台の床をふく
っっ
おはようございます!
はい
おはよう
あ
お師匠さんだ
まずはあいさつ…
おはようございます!

……あんた
華の家さんとこの新人ね？
踊りを教える段階じゃないってことよ
はい 小はるです
よろしくお願い…
名前なんてどうだってよろしい
礼儀もなってない子に教えることはないですよ！
？
え ぁあの？
華の家さんのとこの子だから様子は見てあげるけど…
しばらくは後ろで座って見てなさい！
くす
ななんで……？
声が小さかったのかな…？
しっかりあいさつしたつもりだったのに…
失礼します 先生 お嬢様からお電話が入っております
そう
少し失礼するよ みんな いまの箇所を練習しておきなさい
はい
ザワ
ザワ

――
小はるちゃん？
！
小いち姐さん！
あれ？なんで見番にいるんですか？
私 組合の事務のお手伝いをしてるって言ったでしょう
それより何かあったの？
あの それが……
なるほど あいさつで……
しっかりできたと思ったんですけど
そう……
先生は礼儀に厳しい方だからね……
？ はあ…
まあ 見取り稽古も大切なお稽古よ
先輩達の動きをよく見て 技を盗む良い機会になさいな
はは
はい
………

本日のお座敷はとあるメーカーとその得意先の接待の会合です
わい
わい
両方の会社共によく花街を使っていただいているおなじみさんとのこと
大体4~5名のお客様に1人の芸妓が対応します
幹部のお客様方には小いち姐さんをはじめベテランの芸妓さんがつき
私は若手の社員さんの対応にあたることになりました
よかった良い人そう
そういえばお兄さん
なんだい小いちちゃん
息子さんY大学のサッカー部でいらっしゃいますよね
先月地区大会で優勝されてたのニュースで拝見しましたよ！
おめでとうございます！
おお いやぁ実はそうなんだよ！
ほう そりゃめでたいですなぁ
小いちちゃんさすがよく覚えてくれてるねえ
いいえ
お兄さんも同じ大学のOBですよね
おお そうなんですか！
いやぁ奇遇ですなお互いめでたい！
わはは…
おお すごく盛り上がってる……
さすがは小いち姐さん！

私もあんなふうに会話を盛り上げられるようになりたいなあ
どうぞ
といってもようやくお酌に慣れてきたところだけど
お ありがとう
お お仕事お疲れ様です！
今日はお忙しかったんですか？
まあね今日は接待の幹事でバタバタしてたから
えーと…君は新人さん？
ハイ
まだ不慣れなんですけど……
芸妓さんって覚えることたくさんありそうだよね
！
そうなんですよー！
初めてのことばっかりで私着つけもやったことなくって！
この髪も結ってもらったんです
……へえ
大きな歩幅で歩けないしスースーするし
あっ でもそれは歩き方がきれいになるからいいんだって言われて
ふうん そうなんだ
スースーって？
あ それは下着……
あ
？
いいえ あの とにかく大変で
この話題はさすがにマズイかな
そうかあ 踊りもやったりするの？
まだ練習中で…

ただいま帰りました
小はるちゃん
今日は若いお兄さんとお話しできたのね
お疲れ様
はい
とっても楽しかったです！
いろんなお話で盛り上がっちゃいました
姐さんに比べたらまだまだですけど…
……
…あなたが楽しかったの？
はい！
とってもいい人でした！
…幹事さんだった方よね
どんな方だったの？
？
だからいい人でしたよ？
そうじゃなくて
ご趣味とかご家族のこととか
その方の好きなもののお話とかしなかったの？
えっと
話題にならなかったので…
──
小はるちゃん
その方のお名前覚えてる？

？ いえ
あの
お客様はお兄さんってお呼びすればいいんですよね？
……まあ 確かに
お座敷ではお客様を「お父さん」「お兄さん」とお呼びするのが普通だけどね
それは不用意にプライバシーを損ねないようにとの配慮で決してお客様をひとまとめに扱っていいという意味じゃないわ
は はい
……？
小はるちゃんは
自分の仕事は何をすることだと思うの？
え いまはお酌とお運びを
そうじゃなくて「芸妓の仕事」の意味よ
え…えっと
芸妓の仕事はお客様を楽しませることでしょう？
あなたではなく あなたが応対したお客様にはきちんと楽しんでいただけたのかしら？
あ……！

わ　私　自分のこと　ばっかり　話してた…
そうみたいね
人がされて　嬉しいこと　それは　自分に　興味を持って　もらうことよ
喜んでもらいたい　のであれば　まずその人の　属性や関心事に　目を向ける　ことなの
な　名前　とか…？
それが　基本ね

人間は他人の名前などいっこうに気にとめないが、自分の名前になると大いに関心を持つものだ…。自分の名前を覚えていて、それを呼んでくれるということは、まことに気分のいいもので、つまらぬお世辞よりもよほど効果がある。

――『人を動かす』D・カーネギー　P.105 ～ 106――

私達のような　仕事ではもちろん　とても大切なことだし　他の仕事でだって　重要なことよ
たとえば　アメリカで成功　した政治家には　5万もの人の　名前を覚えている　という人もいた　のだそうよ
ご…5万…　すごいですね
さりげない　会話から相手の　情報を引き出し　活用するの

今日の会社の社長さんはおなじみさんだもの
また お会いできるチャンスがあれば名前から伺ってみたら？
で でも いまさらって感じで気まずくなっちゃいそう
それは聞き方次第よ
「あなたの名前を知りたい」と聞くのは
「あなたに興味があります」と言うのと同じなのだから決して悪印象ではないわ
たとえば
すみません もう一度教えてください
下のお名前は？
どう書くんですか？
等々ね
なるほどー
相手の名前を忘れるのは自分の存在を忘れられてしまうこと
くらいの重みで考えたらいいわ
結局 そういうところでひいきにしていただけるかどうかが決まってくるのよね
話すよりも聞き手に回りなさいというのもそれと同じ
「自分のことを話したい」人と「あなたのことを知りたい」人
どちらが好かれるか明らかでしょ？
…まずあなたが相手に関心を持たないとすれば、どうして相手があなたに関心を持つ道理があろうか？…
単に人を感服させてその関心を呼ぼうとするだけでは、決して真の友を多くつくることはできない。
——『人を動かす』D・カーネギー P.75——

聞き手かぁ なんだか 難しそうです
そこは経験ね
人と話すときは その人のことを 話題にする
もちろん仕事の話や 立ち入った話は NGだけれど…
基本的に人は 自分のことを話し たがるものなのよ
たとえとしては 露骨だけど 魚釣りで 釣り人の好物を 釣り餌にする人は いないでしょ？
普通は 魚の好物を つけますよね
あ 確かに
そういうこと
名前を 聞くこと
相手の関心事 を聞くこと…
人に好かれるには 6つの原則が あるそうよ
・心からの関心を寄せる
・常に笑顔を忘れない
・名前をきちんと覚える
・まずは話をよく聞く
・相手の関心事を話す
・重要人物として接する
の6つ

えっ ま 待ってください
えーと？心からの…
機械的に覚えてもダメ
その目的を理解しないとね
目的？
ひと言で言うと
その人に重要感を感じさせる
こと！
重要感…
人は「自分を重要な存在として扱ってもらえた」
と実感するとき一番満足を感じるそうよ
さっきの6原則は
いま この場ではあなたが私にとって一番重要な存在です
と全身で伝えるためのものなの
人間は、誰でも周囲の者に認めてもらいたいと願っている。自分の真価を認めてほしいのだ。小さいながらも、自分の世界では自分が重要な存在だと感じたいのだ。見え透いたお世辞は聞きたくないが、心からの賞賛には飢えているのだ。
──『人を動かす』D・カーネギー　P.140──
おもてなしの基本
ってことかしらね

たとえば
笑顔
「私はあなたが好きです」
「あなたにお目にかかれて嬉しいです」
そういう気持ちを伝えるためにつくるものであって
笑顔をつくることを目的にしたら それはただのつくり笑顔でしかないわ
行儀作法も同じこと
相手への敬意を形にしたもの だから意味があるの
あいさつ1つとってもね
!
あいさつをするときはその人ときちんと向かい合ってあいさつだけをする
何かをやりながらとか姿勢を崩したままとか
そういう横着は礼儀に厳しい人ほど「気持ちができていない」と見なされるわよ?
あ……!
この間の見番でのこと
バサ
明里さんもお師匠さんもひょっとしてそれで…?

「相手ときちんと向かい合って相手の関心事を話題にする」
次からそれを心がけてみなさい
数日後
わい
わい
まだきちんと理解できてるか不安だけど
小いち姐さんやお母さんの言ったこと
できるだけがんばってみよう!
その着物 桜の柄だね
着物は植物のきれいな意匠が多くていいねえ
実に華やかだね
あ…はい ありがとうございます!
………
?
どどうかしたのかい?
あ この方 カフスボタンやネクタイも植物のデザインなんだ
植物 …お好きなんですか?
お わかるかい?

カフスボタンやネクタイが植物柄ですし着物の柄もお好きそうでしたからそうなのかなーって
種苗《しゅびょう》メーカーで野菜や花などの商品開発の仕事をしていてね
趣味でも植物を見たり育てたりするのが好きなんだよ
すごい！そうなんですか！
ご自宅でも育てたりされてるんですか？
もちろん！この間もね…
少し理解できたかも
「場を盛り上げる」って自分が盛り上がることじゃなく
お客様の気持ちを盛り上げるってことなんだ…

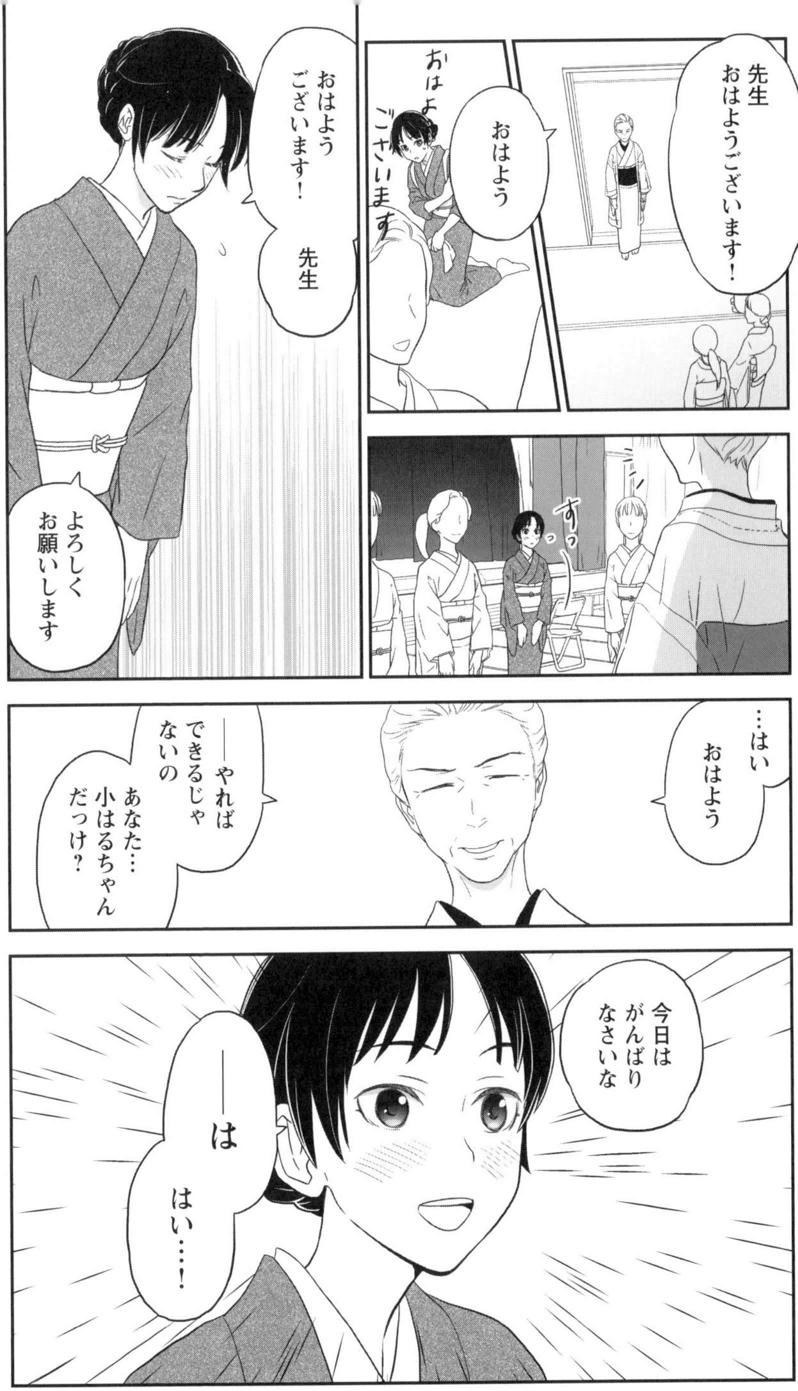

先生
おはようございます！
おはよう
おはようございます
おはようございます！
先生
よろしくお願いします
すっ
…はい
おはよう
——やれば
できるじゃ
ないの
あなた…
小はるちゃん
だっけ？
今日は
がんばり
なさいな
——は
はい……！

嬉しい…
自分に関心を持ってもらえるってこういうことなんだ…!
姿勢が崩れてるよ!
もっとあごをひいて
目線しっかり
ははい
ふー
やっぱり盆踊りとかとは勝手が違う～
難しいなあ
みんな簡単そうに見えるのに…
くしゃ
あ
明里姐さん風邪ひいてるのかな?
わあ…
やっぱり明里姐さん上手だなあ
所作がすごい丁寧
あんなふうに踊れたらいいなあ…
はい
10分間休憩です
くしゅん
ザワ
ザワ
ズ
明里姐さん

あの… ティッシュ 私ので よかったら使ってください あの
…………… 何よ
さっき 明里姐さんの 踊りを見て すごく きれいで 感動しました
同じ踊りを踊ってる とは思えなくて あんなふうに私も 踊れるように なりたいです…！
………そ そう
…………
あ あなたはね つま先の 向きが逆 なのよ！
ズ
え
さっき先生に 注意された ところ
ほらこう 足先の方向を 意識して やるのよ
え こ こう ですか
ああ 違うわよ！
こうすると 自然と上半身も 安定するでしょ
…小はる ちゃん
あ 本当だ… すごーい
よかった 何かを つかんだ みたいね

Chapter 2

人に好かれたいなら、相手を大切に思う気持ちを行動に示す

人間の最大の関心事は常に「自分」である

取引先との関係を築くために、自分の会社や商品の魅力をアピールしようと、派手なプレゼンや巧妙な売り文句を必死に考える人がいる。だが、カーネギーによれば、こうした努力は「見当違い」だ。そもそも人間は自分のことしか興味がない。どんなプレゼンや売り文句も、自分とは無関係だと感じたら、すぐに忘れてしまう。だから、自分の言いたいことだけを並べたPRには、ほとんど効果がない。

あるニューヨークの電話会社が通話中に使われた単語を調べたところ、「私」が1位だったという。外国で大飢饉が起ころうが、たくさんの人が戦死しようが、災害で多くの人が亡くなろうが、「私」の歯の痛みのほうがよほど大きな関心事。それが人間なのだ、とカーネギーは指摘する。

そこでカーネギーは、もし他人に好印象を与えたいと思うなら、犬を参考にせよ、と言う。人懐っこい犬は、人に出会うと、嬉しそうな様子で尻尾を振って近づいてくる。ただその人と会えて嬉しい、という気持ちがすべてで、相手に何かさせようという策略や魂胆は何もない。だからこそ、その無邪気な顔を見ると、誰でも思わず犬に優しくしたくなる。他人への純粋な関心や笑顔こそが、自分への関心を引き寄せるのだ。

相手が大切にする名前や長所を意識する

カーネギーは、人と信頼関係を築くコツを6つ挙げている(下図)。なかでも忘れがちなのが、「名前」の大切さ。人間にとって自分の名前は最も身近で大切な響きを持つ言葉。そのため、自分の名前を忘れられたり、間違えられたりすると、何となく嫌な気持ちになる。

多くの人は、他人の名前を熱心には覚えない。覚えるのが苦手とか、忙しいとか言ってごまかす。だがそれは、相手に関心がないと自白しているようなもの。好かれるはずがない。名前を覚えるのが苦手なら、他人の長所を探すように心がけよう。そこから何かを学ぼうと思うと、自然とその人に関心を持てるはずだ。相手を心から褒め、共感できるようになると、お世辞が不要になる。相手にとって、心からの褒め言葉ほど嬉しいものはない。記憶に残る喜びを感じてもらえば関係は大きく前進する。

☑ 自分を好きになってもらうための6つの原則

① 他人に対し、心からの関心を持つ

➡相手の関心を引こうとしても、関心は得られない。逆に、相手を理解するために時間を費やし、心を傾ければ、相手も興味を持ってくれる。

② 常に笑顔でいる

➡笑顔は動作よりも雄弁に相手への好意を語る。そして、相手からの好意を引き出す。赤ちゃんの笑顔に学ぼう。

③ 名前をきちんと覚えて、たくさん呼ぶ

➡自分の名前は、本人にとって、最も馴染みのある大切で心地よい言葉。なるべく頻繁に呼びかけることで、相手への関心を伝えることができる。

④ とにかく相手の話を聞く

➡人間とは、自分について話したがるもの。その欲求を理解して、興味を持って話を聞いてあげると、「話していて楽しい」と人が集まってくる。

⑤ 相手の関心事を話題にする

➡自分が気になることではなく、相手が気にしていることについて話す。相手の関心事を中心に会話をすれば、自分の世界も広がるし、相手のお気に入りにもなれる。

⑥「自分は重要人物だ」という気持ちを抱かせる

➡「あなたが必要だ」「あなたのおかげだ」「あなただから頼みたい」などと相手を尊重し、心からの感謝や賞賛を伝える。相手に焦点を当てて話をする。

人間関係で成功する方法ははるか古代から示されていた

カーネギーの2大名著といえば、1936年に出版された『人を動かす』と1948年に出版された『道は開ける』。いずれも第2次世界大戦の前後に書かれた半世紀以上前の書籍だ。

そのため、両書で紹介されている事例は現代人にとっては馴染みの薄い人物も多い。登場するアメリカ大統領はオバマ（44代）ではなく、リンカーン（16代）やセオドア=ルーズベルト（26代）、フランクリン=ルーズベルト（32代）などだ。

彼らも既に歴史上の人物だが、その他の登場人物はもっと古い。たとえば、中世ヨーロッパの劇作家シェークスピアや詩人ダンテ、西暦2世紀に活躍した哲学者アウレリウス、そして、イエス・キリストの言葉も登場する。さらには、古代ギリシアの哲学者ソクラテスや紀元前5世紀の政治家ペリクレス、紀元前6世紀の思想家、中国の老子といった人物の言葉まで、カーネギーは取り上げる。人間関係の真理を追究した彼は、文字通り古今東西の知恵を集めて、2冊の本に集約したのだ。

多くのビジネス書が時代遅れになるなか、カーネギーの著作がいつまでも色あせないのは、人間の根本的な性質が時代を超えても変わらないこと、そして、だからこそ社会環境がどんなに変化しても人間同士のつきあい方の基本も変わらないことを意味しているといえるだろう。

流行を追いかけてビジネスの先端を目指すのも悪くない。ＳＮＳやメールで交流するコツを学ぶのも大切なこと。だが、人間関係の中で成功する道は、はるか以前の先人達が唱えてきた知恵の中に既に示されているという事実も知っておきたい。

Chapter
3

どうすれば敗北感を与えない交渉ができるのか？

仕事や生活では、人に欠点を直させたり、
やり直しをさせたいのに、
こちらの意図に従って動いてくれなくて
困る場面もあるだろう。
だが、そんなとき、直接指摘をして指示を出す、
という方法は、カーネギーからすれば得策ではない。
自発的にそうしたくなる接し方があるのだ。

ラクロスサークルです
第2グラウンド入口の鍵お願いします！
でどうなのこずえ？
どうって？
芸妓さんのバイト！
楽しいよ！
大企業やいろんな職業の偉い人の話聞けたりすごく勉強になるんだー
へえー
ねえねえ芸能人とかも来るの？
うん この間も俳優の…
あ
お客様のこと話しちゃいけないんだった…
エヘヘ
えー いいなー ズルーイ
2年！ だらだらしゃべって来ない！ 早くグラウンド開けて！
すすいません先輩
ったく
時間前だからってたるみすぎだよ
グラウンド使える時間限られてるんだから…
って長村あんた
なんつー格好してんの！
え
そんなに変ですか？
アハハ

いくら日に焼けたくないからって
完全防備しすぎでしょ
ハハハハ
これはその
バイトで絶対焼いちゃだめって言われまして
着物だと首元の日焼けが目立つから気をつけて
芸妓は白い肌が命よ
はい
バイト？
こずえいま家の近くの花街で芸妓のバイトをしてるんですよ
まだ見習いですけど
おじさん連中のお酒の相手するんでしょ？
キャバクラと何が違うの？
水商売じゃん！
芸を覚えるためにみんな一生懸命稽古してるし
伝統文化を守るために…
芸妓ってなんだぁあんた水商売なんてしてるの？
む
水って…そういううんじゃないです！
それはちょっと見方が狭いんじゃ
あーもういいもういい
じゃそろそろ練習始めるよー！
来週もこの時間にグラウンド予約取ったから
2年も次は早めに準備お願いね！
むす…
はーい
芸妓の世界はもっと奥が深いのに
わかってないなー
こずえ早く行こ！
入口開けないと
あ
ううん

ふー
今日はしごかれたなあ
あ お客さん来てる
ええ？電源タップってそんなに高いの？
もうちょっと何とかならない？
いや…しかしねえ落雷でもショートしない機能ですとか節電機能のついたタイプをご希望となるとどうしてもこれくらいの価格帯になりますよ
そんなこと言われても困るわ！駅前の量販店なら同じものでもっと安いでしょ？
はあ…そりゃまあ量販ですから
でもうちはこの値段なんで…
じゃあもういいわよそっちに行くから！
あ………
ガー…
………
あーあ お客さん行っちゃった
いいの？お兄ちゃん
いいよもう……ったく
そもそも俺間違ったことは言ってないしいいものは高くても仕方ないことぐらいわかってほしいよなあ……
はー…
カチャ
カチャ

お父さん ビール おかわり どうぞ!
お 悪いね
ビールの注ぎ方にも品が出てきたなあ
エヘヘ
小いち姐さんにいろいろ教わってるんだー
ィーーー、
!
小いちさん…ってい市子さんのことか?
うん
ゴホン
そ そういえば 買いたいものがあるって言ってたけど その後何か言ってた?
あ そうだね 今度聞いておくよ
………
ってゆーか ふーん…?
な なんだよ
お兄ちゃんが仕事熱心なんてめずらしーい
べ 別にいいだろ?
いーけどー
フフフ
ハハ
親としちゃ仕事を頑張ってくれるのはありがたいがな
そういや こずえも もう座敷で踊ったりしてるのか?

踊りはまだ練習中なんだ
でも罰杯ゲームなんかは私も参加してるよ！
フン
負けたら罰杯ってやつか
こずえが負けたらどうするんだ？
大丈夫
んーとね
隣に座ったお兄さんが代わりに飲んでくれるの
ほー
そーいえば
花街の罰杯ってどんな感じなんだ？
多分お兄ちゃんも知ってるよ！
ぱーりら ぱりら ぱーりら ハイハイ♪
ぱーりら ぱりら ぱーりら ハイハイ♪
お兄さんお強い！
男前！
お座敷遊びでの罰杯ゲームはお客様と芸妓が一緒になって様々なゲームを楽しむというもの
「迷惑拳」や「狐拳」「いろはのいの字」「金比羅船々」などなど
気軽に楽しめるゲームもたくさんあるのです
ワハハハハ
わははは

わははは
はは
きゃあ
きゃあ
!
お向かいの部屋はコンパニオンさんなんだ
向こうも盛り上がってるなあ
ぱたん
はは♪
ははは…
きゃあ
きゃあ
わははは
ぺこ
ぱーりら
ぱりら
ぱーりら
はは
はは
フン
ボソ
…辛気くさっ
!
むっ
なにあれ感じわるー
ぷー
ありがとうございました
ああ 見送りはここでいいから
今日も本当に楽しませてもらったよ!
またぜひごひいきに

じゃあ 小はるちゃん 私たちも置屋に戻りましょうか
少し早いから喫茶店に寄って行く？
はい！
……あ
あの人たちもいま終わったんだ
ヒソ
やだー
クス
クス
む
マジで？
むっかー
…ダメよ 小はるちゃん
行きましょう
くす
「だめよ～コハルチャン」だって！
ばかみたい！
くす
ちょっと
スッ
ペこ
ちっ
………なによ あれ
気取っちゃって

もう一度
言ってみなさいよ
痛いわね
何すんのよ!!
なによ
着物なんか
着てすまし
ちゃってさ
何で騒いでる
かと思えば
やってることは
うちらの真似
じゃん!
はぁ～?
あの罰杯のかけ声は
花街から広がった
ものなんですけど!?
ぐっ
だ だから
何?
あんたら
ウザいんだよ
先に失礼な
言いがかり
つけてきたの
そっちでしょ!!
小はるちゃん
いいから
小いち
姐さん…

どうもお騒がせして申し訳ありませんでした
あ…
…………
フン
もう！
なんなのあの人達!!
落ち着いて小はるちゃん下手したらお店に出入り禁止になるところだったのよ？
あの人達姐さんのことバカにしたんですよ!?
何も知らないくせに！
そんなふうに相手の誤りを指摘して
議論に勝ってそれでどうするの？

どうって…言われっぱなしでいいんですか⁉
相手を論破したらあなたはスッキリするかもしれないけれど
相手に嫌な気持ちが残るだけじゃない
それじゃ状況は何も変わらないわ
で でも…
議論は、ほとんど例外なく、双方に、自説をますます正しいと確信させて終わるものだ。…やっつけたほうは大いに気をよくするだろうが、やっつけられたほうは劣等感を持ち、自尊心を傷つけられ、憤慨するだろう。――「議論に負けても、その人の意見は変わらない」。
――『人を動かす』D・カーネギー P.159――
議論はなるべく避けること
敵を減らし味方を増やしたいなら覚えておきなさい
相手の間違いや無知は得意げに指摘しないこと
これも注意しないとお客さんが離れていくわ
あ
この前のお兄ちゃん…
コミュニケーションの目的は 相手から自分に有利な行動を引き出すことだって
前に話したわよね？
…はい
自分の意見と異なる正論をぶつけられても人の心はかたくなになるだけ
まず相手の話をきちんと聞いて
自分に少しでも間違いがあればすぐ謝ることね

どちらかが大人にならないといけないのであれば私たちが先になるべき
それぐらいがプロの心構えって奴よ
…まあとは言っても私も駆け出しの頃だったら小はるちゃんみたいに突っかかっていたかもしれないけどね
私も昔はねー
フフフ
小いち姐さん……
小はるちゃん
私あなたは心が強い子だと思ってるわ
…もう次からは自制できるわよね？
――
はい…！

不思議
私 叱られてた
はずなのに
なんだか前より
やる気が出てる
気がする……！
長村電器
いらっしゃいませ
…お
お客さん
今日はお父さんが
接客してるんだ
お兄ちゃん外回り
かな？
ねえ
やっぱり
高いわよ
ネットで見たけど
駅前の量販店なら
もっと安いはずよ？
うわ また同じこと
言われてる…
ああ
確かに
おっしゃる
通り
あちらは
安売りを
頑張って
いますね
販売員も
知識があるし 接客も
いいですし
え
さすがです
よね
え ええ
そうね…

ままあでも 長村さんのとこも 知識はあるし
量販店だと 何かあったときの アフターサービスが不安じゃない？
なるほど 確かにその点では うちは小回りが ききますね
でしょ？
それに 昔からの おなじみだし
後々いろいろと お願いしやすい ほうがやっぱり いいかな
なんて…
ああ それは お任せください
おお…いい感じ！
なるほどー 相手の話に同意して いくほうが 話を 有利に運びやすい のかあ……
お父さんが お客さんの言う ことに反対して いたら この間の お兄ちゃん みたいなことに なってたかも…
量販店は アフターサービスが 不親切ですよ！
あら 価格を 考えれば やむを得ないでしょ
ただいまー あれ お客さんか？
あ お帰りー
うん お父さんが 対応してるよ
…ふーん
ま どーせまた 量販店のほうに 流れちゃうだろ 俺疲れたから 上行って 休んでるよ
………ん
あの調子なら 上手くいきそー だけどね

ただいま
お帰りなさい お疲れさまー
お父さん さっきのお客さん どうだった？
ん？ ああ 見てたのか
お 悦郎も 戻ってたか 丁度いい
明日 この住所に この型番の掃除機 届けてくれ
え
ええっ なに 本当に こんな高い掃除機 売れたの？
おー やっぱり！
どんな魔法 使ったんだよ ………
ん？ ただ話を しただけだぞ
人と話をするとき、意見の異なる部分を初めに取り上げてはならない。まず意見が一致している問題から始め、それを絶えず強調しながら話を進める。互いに同一の目的に向かって努力しているのだということを、相手に理解させるようにし、違いはただその方法だけだと強調するのである。
──『人を動かす』D・カーネギー　P.205──
相手に 同意するって…
えー…
間違いは 間違いじゃ ないか
小いち 姐さんも 同じこと 言ってたよ
相手の意見を 説き伏せたって 反発心が生まれる だけなんだって
え

い 市子さん が…
そーそー！ お兄ちゃんも この方法 会得できれば 市子さんに 素敵！って言って もらえるかもよー？
にしし
おおう よし 頑張るぞ…！
ぐっ
ザワ
ザワ
ザワ
ああ いた！
長村！ 須山！
…先輩？
どうしたん ですか？
どうしたじゃ ないよ！
あんたたち 練習サボって 何やってるの⁉
え？ 練習って
グラウンド 借りられるの 明日じゃ…
明日はサッカー部が 他大学と交流試合 するから曜日が 入れ替わったって 言ったよね？
準備全部 3年がやったん だよ⁉
ちょっと 待ってください

日程が変わったなんて聞いてないです！
言った！
夜遅くまでバイトなんてしてるから気が緩んでるんじゃないの!?
バイトは関係な…
留理子！
すっ
こずえ？
私達が不注意でした
すみません！
………
え
ん
まあ…
わかればいいんだけど………
はい
次から気をつけます
ご迷惑おかけして本当にすいませんでした………
だからもういいってば
…私も2年にはきちんと伝えてなかった気もするし……

自分に誤りがあるとわかれば、相手の言うことを先に自分で言ってしまうのだ。そうすれば、相手には何も言うことがなくなる。十中八、九まで、相手は寛大になり、こちらの誤りを許す態度に出るだろう…。

——『人を動かす』D・カーネギー　P.186——

小いち姐さんの言った通りだわ
素直に自分の誤りだと認めることが大切なんだ……！
…でもこういう間違いってまたあるかもしれません
どうしたらいいでしょう……
あ それなら
え …ああ そうね うーん
しー
…？
確かに予定の確認を口頭で済ますのはよくないかもね…
うん Webカレンダーとか練習予定を部員で共有できるやり方を考えてみようかな
いいですね それ…！
それなら変則的な時間でも確認しやすくて助かります

だよね
じゃ幹部で
相談してみるから
次はちゃんと
来なよ？
はい！
すみません
でした…！
……
どうなるかと
思ったけど
なんか先輩
上機嫌になって
帰ってったねー
うん
よかったー！
エへへ
にしても
こずえ？
さっきのアイデア
私も言おうと
思ってたのにー
自分のアイデアだ！
って思ったほうが
先輩も嬉しいじゃ
ない？
華を持たせる
ってこと？
うん
そんな
感じ
ふうん…
なんだか
こずえ
随分と
オトナに
なったねー
えー
いやあ
そっかなー♪
エへへへ
そういう
ところは
まだ子ども！
あれ
小いち姐さん
のような大人の
女性への道のりは
まだまだ遠いですが
一歩前進できた
気がします――

Chapter 3

相手をやっつけずに自分の意図を通すのが最良の手

議論は〝避けるが勝ち〟

カーネギーは人を説得するために12の原則を挙げている（左ページ図）。そのうち、最も重要なのは、議論を避けること。多くの人は、自分の意見や提案を通したいと思い、その正しさを説明したがる。反論を受けると、相手の言葉をさえぎって発言し、何とか相手にわからせようと議論をしてしまう。

だが、カーネギーによれば、議論をしてもいいことなど何もない。議論は、とにかく避けるのが賢い。なぜなら議論に勝利しても、相手を心から自分の意見に賛成させることは不可能だからだ。

確かに、議論に勝つと、自分は気分がいいかもしれない。だが、負けた相手はその正反対だ。勝った相手に好意を持つはずがない。その場では、従うかもしれないが、あなたをさらに嫌いになり、根に持って今度は陰で足を引っ張ろうとするかもしれない。議論で自分を負かした相手の意見に従うのは、「自己の重要感」が大いに損なわれ、自尊心が許さないからだ。一時の快感のために、大きな損失を被ることになる。

議論を仕掛けられることもあるが、そんなときは、まず聞き役になり、相手の意見を尊重しよう。もし自分の間違いを指摘されたら、素直に認めてしまう。言い訳すれば、相手も意固地になるだけだ。

相手に話させたほうが説得はうまくいく

ある営業マンは、大切なプレゼンの日に喉の病気で声が出なくなった。やむなく営業先でその旨を紙で伝えると、相手の重役が「代わりに私が話してあげよう」と申し出た。営業マンが商品の強みを身振りで説明すると、営業先の重役が代弁する。こんな迷惑なプレゼンは失敗に決まっていると営業マンは落胆したが、結果はなんと大成功だった。

カーネギーはこの例を紹介して、相手に話をしてもらうほうが説得の効果は大きい、と指摘する。人間は聞かされるよりも、話すことが好き。だから話す時間が長いと、気持ちがオープンになりやすいのだ。話をすると頭が整理され、相手にも一理あることや自分の誤りに気づく効果もある。その結果、自主的に行動を変えてくれるのだ。

指摘をせず、たくさん話をさせて、いつしか気持ちが変わるのを待つ。その辛抱強さが説得上手に繋がるのだ。

☑ 人を抵抗なく自分の考え通りに動かす12の原則

① **議論を避ける** ➡反論すると相手はますます「自分は正しい」と思い込む。議論は避け、自分から相手を責めることは言わない。

② **間違いを指摘しない** ➡「あなたは間違っている」と言っても、敵意が増すだけ。相手の意見を尊重し、まずは相手に同意してみる。

③ **自分の間違いはすぐ認める** ➡勘違いや誤解は、すぐきっぱりと認める。自分の責任を認める人は尊敬され、話を聞いてもらえる。

④ **友好的に接する** ➡相手に腹が立ったとき、敵対ムードだと議論が起こる。穏やかに話すことで苦言も感謝されるものとなる。

⑤ **「イエス」とすぐに言える質問をする** ➡即座に「イエス」と同意できる質問を重ねる。相手が「イエス」と言わざるを得ないような質問を重ね、自分の要求に誘導する。

⑥ **相手に話させる** ➡相手を説得したい場合でも、まず、相手に十分話をさせ、聞き役に回る。そうすると、相手は自然と自分の味方になる。

⑦ **押しつけず、気づかせる** ➡意見を押しつけても、人は心からは従わない。命令をせず、「気づいた自分が自主的に行動している」と思わせる場面を演出する。

⑧ **相手の視点から物事を見る** ➡人に物を頼むときは、相手の立場に立ち、「どうすれば、それをやりたくなるだろうか」と考えて頼む。

⑨ **相手の意見に共感する** ➡まず相手に同意を示す。「もし私があなたなら、やはりそう思う」と理解を示してから、こちらの希望を伝える。

⑩ **人の高潔な動機に訴える** ➡人には誰でも「立派でいたい」という気持ちがある。相手をそのような人として扱うことで、注意しなくても立派な行動を引き出すことができる。

⑪ **演出で関心を引く** ➡文書やプレゼンテーション、会議の司会などでは、演出を考える。ただこなすのではなく、面白くなるように工夫する。

⑫ **挑戦したい気持ちを刺激する** ➡「人より優れていたい」という競争心を刺激する。競争を通した自己表現の機会は、行動の意欲を増す。

「言わない」は「言う」に勝る「沈黙は金」の本当の意味

人間関係論の大家ともいえるカーネギーも大失敗をしたことがある。著名人のお祝いの会で、ある人が「聖書の言葉ですが……」と、ある文句を引用して、誇らしげに話をしていた。カーネギーは、その間違いに気づき、親切心から「それはシェークスピアにある文句ですよ」と教えてあげた。だが、それが大失敗。その場に気まずい雰囲気をつくってしまったという。

人の間違いを指摘したくなるのは人間の心理。カーネギーでさえ、その誘惑に負けてしまった。だが「知っている」と誇っても、その事実は自己満足以外に何も生まないことが多いのだ。

古代ギリシアの哲学者ソクラテスは、当時最も知恵があるとされた人物だが、それでも「私が知っていることは1つだけだ—自分が何も知っていないということ」と言った。地動説を唱えた天文学の父、ガリレオ＝ガリレイも、こんな言葉を残している。「人にものを教えることはできない。自ら気づく手助けができるだけだ」。

アメリカの建国の父とも称えられるベンジャミン・フランクリンは、「議論しているうちに相手に勝つこともある。しかし、それはむなしい勝利だ」と言った。2015年2月に実施された歴代アメリカ大統領ランキングで、最も偉大な大統領とされるリンカーンの言葉はこうだ。「細道で犬に出会ったら、権利を主張してかみつかれるよりも、犬に道を譲ったほうが賢明だ」。

どれもカーネギーが著書で取り上げている言葉だ。

“正しい”ことを言うのも大切だが、先人達は「敢えて言わない」ことこそが、人を動かすための知恵だと示唆している。

Chapter
4

どうすれば人の自主性や個性を伸ばせるのか？

人を動かす方法の行き着く先は、
人を成長させる方法になる。成長とは矯正ではない。
本人が喜んで打ち込めるように
気持ちを誘導してやることが大切だ。
それには、相手をよく観察することが大切だ。
『人を動かす』を理解する締めくくりとして、
それを見ていこう。

芸妓
おっ もう こんな時季か
何？ お父さん
芸妓まつりの案内チラシだ 毎年 見番で開催してるお祭りだろ？
あ うん そうなの！ 新聞にもチラシ入れてたんだね
いまいろいろ準備してるところだよー
こずえも出るのか？
私はほとんど裏方だけど 小いち姐さんは舞台で踊るんだよ！
ピク
ほう
お座敷遊び体験コーナーなんかもあるし
市子さんとお座敷遊びで急接近できちゃうかもよー？
フフフ
お兄ちゃんもどうせ暇なら遊びに来たら？
おまえなあ …あんまり大人をからかうなよ！
俺だっていろいろと忙しいんだぞ？
あれじゃあ来ないの？
行くに決まってるだろ！
だよね
花街 芸
ザワ
ザワ
ザワ
芸妓まつり当日——
いらっしゃいませ プログラムをどうぞ！

ありがとう
ごゆっくり！
こずえ！
！
やっときたお兄ちゃん…
って なんで仕事着なの⁉
いやー急な仕事が入っちゃってさあ…
終わってから飛んできたんだけど
まだ 市子さんの舞台やってる？
そろそろ始まる頃だと思うけど
大丈夫？
いやー…
こういうイベント慣れてなくて
…お兄様？せっかくだし案内して差し上げたら？
明里さんいいんですか？
受付にみえるお客様もだいぶ落ち着いてきたし
交代が来るまで私1人でも大丈夫よ
ありがとうございます…！
あの人も先輩か？いい人だな
うん お世話になってるよー
いろいろあったけど…
てゆーかお兄ちゃん？私の芸妓姿初めてでしょ
ええ？何だよ急に
そーだけど

何だよじゃないでしょ！
着飾った妹に何か言うことはないの!?
はあ… 何かって言われても
つねることないだろー!?
お兄ちゃんのそーゆーとこ本当もてないと思うわ…！
市子さんには絶対言っちゃだめだからね？
？市子さんが七五三なわけないじゃないか
…………
そーゆーとこだから
七五三かと…
いててっ！
ぎゅううう
まったく…
ほらちょうど始まったところだよ
！
小いち姐さんの踊り！

すっごいきれいでしょ…！
ね
………
華やかで艶があるんだよねえ
私もいつかあんなふうに踊りたいなあ…
お前じゃ後50年ぐらいかかるんじゃないか…て
ってつねるなって
パチ
パチ
パチ
ああ…
…よかったねー
下の階でお座敷遊び体験できるよ小いち姐さんも来るし参加しなよ！
ううん
……長村？
ひょっとして長村悦郎か？
？

やっぱりそうだ！
俺 覚えてないか？
中学のとき同じクラスだった…
野崎潤介
悦郎の中学時代の同級生
！
……野崎か？
久しぶり！
元気そうだな
…あれ デート中だったかな？
かわいい彼女じゃないか
いや 妹だよ
可愛いっていわれた～
芸妓のバイトしてるんだ
はじめまして 妹のこずえです
へえ～ 素敵だなあ
はじめまして 野崎です！
ていうか お前ずっと海外に行ってたんじゃ
ザワ
ザワ
現地での仕事の目処がついてな…先日日本に呼び戻されたところさ
なぁ なんかすごいな…
なんで今日はこんなとこに
こんなとこってどーゆう意味よ
祖母の趣味でね 付き添いだよ
中学に上がる前には祖母に連れられて見番によく遊びにきてたから 初めてってわけじゃないんだ
久しぶりにこうやって日本の文化に触れるのもいいもんだな
へへえ
ザワ
ザワ
祖母はまだ舞台が観たいようだし
せっかくだから一緒にお座敷遊び体験に参加しないか？
幼馴染みがいるはずなんだけど1人じゃ参加し辛くてさ
あぁ…
幼馴染み？
小さい頃見番で一緒に遊んでた子がいま芸妓さんになってるんだ
え

…潤お兄ちゃん？
驚いた！
何年振りかしら？
市ちゃんきれいになったたなあ
潤お兄ちゃんこそ立派になられて…
長村さんもようこそいらっしゃいませ
来てくださってありがとうございます！
どども
えっ
野崎さんの幼馴染みって
小いち姐さんだったんですか!?
ええ
小さい頃見番でよく遊んでもらっていたの
懐かしいわ
長村さんと同級生だったのね
へえ～
そういえば小いち姐さんのご両親も花街でお仕事されてましたもんね！
わはは…
ワンツーの
15！
お当たり！
潤お兄ちゃんが罰杯ですね
ワイワイ
ハハハハ
現地法人の立ち上げをされてたんですか
若手で動ける奴があまりいなくてね
現地の言葉が使えることもあって相当こき使われたよ
ザワ
ご活躍されてたのねえ
ザワ
ハハ
いやあそんないいもんじゃないさ
……
ザワ
長村はいまどうしてるんだ？
家業を継いでんのか？
ザワ
えっ
ギク
就職浪人後家業の手伝い
ああ
うん…まあ

長村さんはとても優秀なの うちの置屋もよくお世話になってるのよ
はは…
へぇー すごいな！
あ いや 俺は…
遠慮すんなって！
?
せっかく小いち姐さんと話せる機会なのに お兄ちゃん元気ないなぁ
今日は楽しかったよ
ううん
今度 中学の仲間で飲む約束してるからさ お前も来いよ！
久しぶりに皆で盛り上がろうぜ
…ああ…
ただいまー
おかえり イベントはどうだった？
大成功！ お客さんもすごく喜んでたよ
そりゃよかった
お兄ちゃんも市子さんの踊り観られて嬉しそうだったよねー？
………
ほほう にしちゃ随分不機嫌そうだが
え 何で？

何かあったの？
何もないよ
いま仕事中！
ふうん…
あーまた
お兄ちゃん 服！
脱ぎっぱなしは
やめてって
言ってるでしょー
………
だから仕事中！
後でやるから
ちょっと
静かにしてて
くれよ！
何の仕事
してるの？
明日行く顧客の
領収書書きだよ
ふーん
…お茶
淹れようか？
いらない
カリ
カリ
あ
渡辺の
「なべ」の字
違くない？
こないだの
お客さんでしょ
………
3丁目の
「わたなべ」さん
なら「邊」だな
ほらー
またうっかり・・・
お客さんの名前は
大事にしないと
だめだよ？
ブチ
うるさいなあ
もう！
じゃあお前が
書いておいて
くれよ！
ぐいっ
何それ
無茶言わない
でよねー!?
………
ごろん
んもー
本当に不機嫌
だなあ

こんな姿小いち姐さんが見たら…
…あ
そうだ！
華の家の依頼聞いてきたよ
パソコンを買い換えたいんだけど 設定も含めてお願いしたいんだって
どんなのがいいのか決まってるのか？
よくわからないから 予算内でおまかせしますって
なるほど
むすー…
じゃあ 明日電話して詳しく聞いてみるか
よろしくー
数日後
華の家
長村電器です
着つけの練習中なのです
パソコンのお届けに参りました
まあ 長村さんいらっしゃいませ
！
お兄ちゃんだ
先日はありがとうございました
いいえ あの…こちらこそ
お手数をおかけしますがよろしくお願いしますね
ぐっ
はは い…
ぷい
む
何よ まだ機嫌直ってないの？
！

…これで環境は全て移行しました
以前と同じように使えるはずです
助かるわ
すごい手際ねえ!
本当に詳しい方に親切にしていただけると安心ですね
いえ そんな…
失礼します
お茶のおかわりお持ちしました
ヘラ―――
ああ 悪いなこずえ
う うん
?
じゃあまた そのときはぜひお願いします
…お会計は現金でいいかしら?
はい もちろん
7万5800円でしたね
ご確認お願いします
もしまたパソコンが遅く感じたらいつでも相談してください
データを整理したりルーターを替えたりして改善することもありますので
………機嫌直ってる
現金だなぁもう…
まあ
はい た確かに…
ありがとうございました
ええと…こちらが領収書です
はい

こちらこそ ありがとう ございました
いえ…
ん?
お兄ちゃんのバカ 領収書の金額 書き間違えてる じゃん
ちょっと お兄…
あら?
さっき私 いくらって 言いましたっけ
!
ええと お電話で伺って いたのは 7万5000… 800円? 600円? でしたっけ
あっ もしかして 数字が間違って ますか?
ごめんなさい 確認して いただけますか?
すすいません こちらの記入 間違いです… すぐに 書き直します
せっかく用意して いただいたのに ごめんなさいね
いえ こちらの不注意 なので…
数字の間違いって 私もよくやっちゃう のよねえ
でも長村さんの お店はいつも しっかりやって くださるから…
ええ 本当に 頼りになる お兄さんねえ
はは…

ではまた何かあればご連絡ください！
華の家 様
¥75,800-
♪
……あんなふうに言えば注意しても角が立たないんですね
さっきのこと？
…そうね
明らかに相手が間違えているときでも居丈高に指摘したりやり直しさせたりしてもいいことはないわね
時間と労力を割いて動いてくれたことにはきちんと感謝して相手の顔を潰さないというのはとても大切よ
「間違ってる！」「直して！」なんて言わなくてもわかってもらえることって多いんだから
たとえばお店の禁煙スペースでタバコを吸っている人がいたとして
「ここは禁煙ですよ！」「マークが見えないんですか⁉」
なんて咎めるように言われたら言われたほうも気分が悪いわ
そのせいで意固地になって
「店員でもないくせに！」「わかるように表示していないのが悪い！」
なんて言われて事態がこじれてしまう可能性もあるし…
あーありそう…
たしかに
そういうときはたとえば
「あれ？ここってタバコ吸えるんでしたっけ？」
！
なんて声をかけてあげればタバコを消すか席を移動してくれる人も多いのじゃないかしら

禁煙マークを見落としても
「小さくてわかりづらいですよね」
「私もよくやるんですよ」
みたいにフォローしてあげればその人の顔も立つでしょう？

人に小言を言う場合、謙虚な態度で、自分は決して完全ではなく、失敗も多いがと前置きして、それから間違いを注意してやると、相手はそれほど不愉快な思いをせずにすむものだ。

――『人を動かす』D・カーネギー　P.281――

「相手の顔を立てる」かあ…
よくダメ出しをするときはまず褒めてからなんて言うけれど実はもうひと工夫必要なのよね
注意する側だって完璧じゃない
それを伝えるためにまず自分の弱みを見せたり 過去の間違いを引き合いに出してあげると指摘も受け入れられやすいと思うわ

命令ではなく、暗示を与えるのだ。…決して命令はせず、自主的にやらせる…。こういうやり方をすると、相手は自分のあやまちが直しやすくなる。また、相手の自尊心を傷つけず、重要感を与えてやることにもなり、反感の代わりに協力の気持ちを起こさせる。

――『人を動かす』D・カーネギー　P.286～287――

褒めるだけだとかえって警戒心や不信感を持たれたりすることもあるものね
ええ
なるほど…
人に注意する際は相手を評価しているつもりになりがちだけれど
本当は「自分が評価されているんだ」と肝に銘じないとね
それに相手を必要以上に委縮させたりすると結局は自分が損をするのよ
叱られたくないから余計なことはしないでおこう…みたいに思われると新しいアイデアが出てこなくなるわ
…はい！
さすがだなあ…！

ただいまー
おかえりー
!
お兄ちゃんてば また脱ぎ散らかしてる…!
ちょっとお兄…
「肝に銘じないとね」
はっ
!
ん? 何か言ったか?
んー …えっとさ なんでいつも服を掛けておかないの?
えー?
だって面倒くさいし
イラ
いやいや 我慢…!
狭い部屋だし 足を取られて転んだりしたら危ないと思うんだけど… 服もしわしわになっちゃうでしょ?
ん?
まあ… そりゃそうだけど

じゃどうすれば
いいんだよ？
そうねー…
！
そうだ！
脱いだものは
このカゴの中に
入れておくって
いうのはどうかな？
あー…
まあ それ
ぐらいなら…
よかった！
じゃあ
よろしくね
やったぁ
上手く
いった！
そういえば
小いち姐さん
お兄ちゃんのこと
すごい褒めてたよー
え
ほ 本当
か？
うん！
丁寧に作業して
くれて
頼もしかったって
パソコンすごく
調子いいみたい
そ そうかー
良かった
……
「すごく整理が
上手な人なんで
しょうね」
だって！

そそうかあ
おおー
せっ
せっ
自分から片づけ始めてくれた…！
そっか
喜んで自発的にやってもらうのか嫌々やらせるのか
全部こっちの出方で決まるんだ

相手に美点を発揮させたければ、彼がその美点を備えていることにして、公然とそのように扱ってやるがよい。良い評判を立ててやると、その人間はあなたの期待を裏切らないように努めるだろう。

——『人を動かす』D・カーネギー　P.303——

そそういえば
市子さんて独身だよな
うん
つつき合ってる人とかいるのかな…
いないと思うけど
今度聞いてあげよっか？
ん
いいや…
自分で聞いてみるよ…
おお
お兄ちゃん本気なんだなあ
高嶺の花とは思うけど妹としては応援したいところです
がんば！
？
ぐっ

Chapter 4

喜んで人が協力するように仕向けるコツ

人を変えるには褒め言葉から

「本人のため」などと言って、部下や後輩、または家族に「お前もっと○○したほうがいいぞ」などと、一方的にアドバイスをする人は多い。こういう人に限って、相手が反発したり抵抗を見せ、自分の言う通りに言動が変わらないと、一方的に「あいつはダメだ」と烙印を押したり、勝手に落胆したりする。

だが、本来、人間は意外と抵抗なしに自分の考え方を変えることができる生き物だ。実際、テレビや本を見た後で、進んで言動を変える人は多い。押しつけや批判を伴うから、意地を張ってしまうのだ。

カーネギー流の人を変える術を会得したいなら、9つの原則を意識しよう（左ページ図）。まずは相手を褒め、自己の重要感を満たしてやること。褒められて気分を悪くする人はいない。褒め言葉は、歯科医師による麻酔と同じような効果がある、とカーネギーは言う。その後の痛み（指摘）も甘受できるからだ。

ただ、褒めた後に助言をする場合も、「しかし」のような逆接は使わないこと。「1年間よくやった。しかし、宿題はもっとやろうね」だと、最初の褒め言葉が台無しになるからだ。代わりに「よくやった。〝そして〟宿題もやれば、本当に凄い子になるね」と順接を使う。これで、気分よく助言を受け止められる。

〝上から目線〟の命令をやめ期待を言葉にする

上司は部下に命令するもの、と思っている人も多い。だが、命令は成長意欲を刺激しないので、人が育たない。

そこで、命令はやめ、質問をしよう。「こうしたらどうかな?」「もっといい方法はある?」などと尋ねれば、相手は不快に感じない。問いに答えようと考えるから、課題に前向きになり、新しいアイデアも生まれやすい。

間違いや欠点をずばり指摘しないことも大切だ。相手の自己評価を傷つければ、反感を招く。相手が明らかに間違っている場合も、顔を立てることを忘れてはいけない。

そして、何よりプラスの評価を心がけること。前向きな評価や期待は、誰でも嬉しい。それに反しないように行動しようと思うのが、人情だ。

人を変えるのは簡単ではないし、時間もかかる。それでも愛情を持って期待をかける。その蓄積が人を動かすのだ。

☑ 人を変えるための9つの原則

① 苦言の前に心から褒める
➡最初に賞賛するのは、歯科医師による麻酔のようなもの。気分がよくなれば、その後の苦言にも相手は耳を傾けることができる。

② 直接的な批判をしない
➡相手の間違いを直接指摘せず、遠回しに注意を促す。褒めた後は、「そして、～ができたらもっといいよ」と順接の言葉で希望を伝える。

③ 自分の失敗を話す
➡相手に直して欲しいところがあれば、自分の失敗をまず話す。自分が批判の対象にならないので、相手は安心して話を聞くことができる。

④ 命令をせず、質問をする
➡「仕事の効率を上げろ」ではなく「効率を上げる方法はあるかな?」のように、命令せず質問をすると、自発的な工夫と行動を引き出せる。

⑤ 相手の面目を潰さない
➡他の人の前で叱ったり、間違いを指摘しない。相手の努力や熱意に敬意を表し、顔を立てることに気を配る。

⑥ どんなに小さなことでも褒める
➡わずかな成長でもそれぞれを褒める。批判すれば人の能力はしぼむが、励ませば、開花する。

⑦ よい評価を先に与える
➡相手に求める力をその人が既に持っているかのように接する。するとその期待に応えようとして、人は奮起する。

⑧ 長所を褒めて激励する
➡マイナス評価を続ければ、向上心や成長の機会を奪う。素質を褒め、能力を信じていると伝え「本気を出せば簡単にできる」と思わせる。

⑨ 喜んでしてもらうよう工夫する
➡仕事を任せる際は、その重要さを伝え、新しい責任と肩書きを与えるなど、相手の利益ややりがいが生まれるようにする。

人が動かないというときはここを見落としている?

部下が動かない。家族からの協力が得られない。顧客と協力的な取り引きができない。気をつけているつもりでも、なかなか狙い通りの行動を相手から引き出せない場合がある。そんなときは、次のポイントのどれかを忘れているのかもしれない。人を変えるときに気をつけるべき6項目としてカーネギーが挙げている内容だ。補足と共に整理しておこう。

①**誠実に接すること。守れない約束はしないこと。自分の利益のことよりも相手の利益を考えること**（自己中心的でないか？名前や長所など相手の大事なものを尊重しているか？）。

②**相手に何をして欲しいのかを明確にすること**（過度な期待をしていないか？ 相手に深い関心を寄せ、相手ができることを求めているか？）。

③**相手への共感を心がけること。相手が本当に望むことは何かを考えること**（相手の価値観を理解しているか？ 聞き手にまわり、相手の関心のありかに気を配っているか？）。

④**協力をすれば、どんな利益を相手に与えられるのかを考えること**（相手が自己に重要感を感じられる依頼か？ 自発的に動きたくなるように頼んでいるか？）。

⑤**相手が欲しがっている利益を提供すること**（褒めているか？わずかなことでも評価しているか？ 肩書き、報酬、お礼の言葉などで、感謝をきちんと表現しているか？）。

⑥**人に頼みごとをするときは、相手自身の利益にもなるとわかるような言い方をすること**（命令よりも質問で依頼しているか？ いまやっておいたほうがいい理由を伝えているか？）。

Chapter
5

なぜ悩みが心に入り込んでくるのか?

悩まない人はいない。
だが、悩みに支配される人生はつまらない。
どうすれば、なるべく悩まずに生きられるのだろうか。
カーネギーが著したその答えが『道は開ける』だ。
人は誰にも可能性がある。
ここからは、悩んで浪費するエネルギーを
もっと創造的な活動に振り向けるコツを見ていこう。

数年間の
就職浪人時代を
経て
結局 実家の
長村電器で
働くことになり
長村悦郎(29)
はあ……
いま
よその家の
水やりを
しています…
まったく
オヤジの奴
ぶつ
ぶつ
いくらお得意様
だからって
留守中の水やり
なんて引き受ける
なよなあ…
ウチは電器屋
だっつーの
まったく…
ワン
ワン
ワン
ワン
フウ…
俺って
さえない人生
だよなあ…
昨夜

おう
久し振り！
元気そうだな
お前も
野崎は数年振りだよな
長村
こっちこっち！
来てくれてありがとな！
あ…ああ
お前
商社だっけ
海外に行ってたんだって？
ああ
先週戻ってきたんだ
ニジュウウウ
すげえなあ
上司には日本を楽しんでおけ なんて言われてるから
またすぐどこかへ行くことになると思うけどな
ザワ
ザワ
メーカーだって厳しいぜ？
販売先でさんざんこき使われるしさ
課長でようやく年収700万だもんなあ
でも上場1部企業なら安泰だろ
いやぁそんなこともないって
…
はは
もぐ
そういうチャンスは大企業ならではだよな
公務員なんてなるもんじゃないぜー？
またまたキャリア官僚がよく言うよ！
ハハハ
だってすげえ忙しいんだぞ？
ザワ
長村はいま何やってるんだっけ？
え
俺は…えーと実家が電器店だから……
…あー

なんかのんびりしてそうでいいよな
あー ぽいよな
お前昔からマイペースだったしさ
はは…
う…うん まあね…
そういや連休にバリ島行ってきたんだけどさ
わい
え じゃあ あのレストラン行った？
え どこ？
俺も去年行ったんだけどテレビで紹介されてたところでさ…
わい
――――
はあ…
シャアア
俺だって就活さえ上手くいってればなあ…
長村こずえ(19)
学業 家事 クラブ活動に励む大学生
最近始めた芸妓さんのバイトも絶好調――
――
はぁぁ…
のはずが…
どしたのこずえ？
ため息なんてめずらしいじゃん

ちょっと教授に怒られちゃってさー
え
何で!?
レポートの締切間に合わなくて
E判定だって…
うわぁ…やばいねこれ必修科目でしょ?
このままだと進級危ないって言われちゃった
うち留年する余裕なんてないよー
どうしよう…
ずーん。。。
あらら
困ったねえ…
芸妓のバイトに力入れすぎちゃってたのかも…
楽しくて
ふー…。。。
こんな事情じゃ小いち姐さんにも相談し辛いなあ
でもなんとかしなくちゃ…
長村電器
総合家電
ただいま
な何の用だよ?
頼まれた水やりやってきたよ
明日はオヤジが…
長村!
野崎!?
よっ
昨日はサンキューな
いやお前んち電器屋だろ?
スマホのバッテリーでも買おうと思ってさあるんだろ? USBで充電できるやつ
……ああ…

…これでいいか？
ああ それで
領収書はいるのか？
いや 私用のだから いいいや
……長村
昨日は悪かったな
え
何つうか つまんなかったよな
くだらない話ばっかりでさ
…そんなこと ないだろ
お前は すごいよ
自分ができることを1つずつやっているだけさ
自分の能力が必要とされていて
それに応えることが嬉しい
…それだけだよ
誰が見たって立派な仕事だしさ
……俺なんかとは大違いだ
やりがい
…か
いいな
そういうのがあって…
…………
ぐ…

！
そうだ…
あ あのさ 野崎
お前 えっと… その
ん
何か
い 市子さんとは
……何だよ ただの幼馴染みだって言っただろー？
俺が中学に上がってからは見番に遊びに行くこともなくなったし
お前が心配するようなことは全くねーから！
ははははは
ばんっ
ほっ
し 心配とかじゃ
子どもの頃からきれいな子だったぜ？
お前ら似た所もあるし
応援するぜ頑張れよ！
？
お おう…
じゃあな！
………ああ
…子どもの頃の市子さんかぁ
ほわぁ…
かわいかっただろうなぁ
……似てる所って何だろ
悦郎
4丁目の小岩さんからの電話でなトイレの電球が切れたそうだ
あそこおばあちゃん一人暮らしだから
よろしくな
うぐ…
現実……
だからなんでオヤジは余計な仕事受けちゃうんだよ！
まあそう言うな頼りにされてるってのはいいことなんだから
つたく…
ぶつぶつ

はあ・・
小はるちゃん どうしたの？
え？
ひそ
これで5回目の ため息だ 悩み事かい？
あっ すすみません…！
仕事中だった～
いやいや いいんだよ
ザワ
ザワ
——で 何かあったのかい？
ザワ
ザワ
あえっと すみませんでした… ぼーっとしちゃって そんなに大したことじゃ
小はるちゃん まあ そう 言いなさんな！
わしは 若い子が 悩んでいるのを 放っとけない 性分なんだよ 話だけでも 聞かせて くれないかい？
この方は 米田さんといって 華の家をよく 利用してくださる 常連さんです
中小企業の 会長職に就いては いるものの経営は 次代に譲って 悠々自適に 日々を過ごす おじいさん なのです
——は
はい……

ザワ
ザワ
――なるほど
仕事も
クラブ活動も
続けたいが
成績が落ちるのは
マズイ
と
はい……
次のレポートは
絶対に締切厳守
なんですけど
すごい難しくて
でも部活や仕事は
休みたくないし
皆さんに迷惑は
かけられないし
どうしよう
ってずっと
考えてて
……ふむ
いいことを
教えて
あげようか
なんですか？
毎日
「どうしよう
どうしよう」って
百回唱えるのさ
悩みなんてすぐに
なくなるよ！
ええ!?
そんなのただの
時間の無駄じゃ
ないですか！
そう
時間の無駄！
悩んでも解決
することは
ないの！
――だけど
小はるちゃんが
さっきから
やってるのが
まさにそれ
なんじゃない
のかい？
え……
悩み事で
頭を悩ませる
こと自体
時間の無駄
ってことだよ
あ
そっか…
じゃあ
どうしたら…
ふむ
じゃあ
仕事ができる奴が
みんなやってる
コツを伝授しよう
コトン

仕事ができる人のコツ「・問題点は何か？・問題の原因は何か？・どんな解決策があるのか？を書き出す」こと…
ふむふむ 解決への方向性を考えるってことなのかな
えーと 問題点は
・勉強のために図書館に行く時間がなかなか取れずレポートが進まない か
原因は ・部活で時間が取られ体力が消耗する ・バイトが夜遅くて翌朝早起きが難しい ・家事のためまとまった時間が取りにくい てとこかな
ということは解決策は…
時間をつくるためには何をすればいいか を考えればいいのか
うーんと
こんな感じかな
望ましい解決策は
①家事の効率UP →お父さん・お兄ちゃんにも協力してもらう
②留理子に相談する →資料を借りたりコピーの作業などを手伝ってもらう
③週末を作業時間にする →日曜日の午後はレポート作業だけに使う！
おお なんだかやるべきことが見えてきたかも！
後は…
後は1日の始まりに今日やるべきこと・今日やりたいことのリストを書き出すことだね
…って言ってたなぁ よし
・明日のおかずの準備
キュ
・お風呂のそうじ
——うん
今日の家事無事終了！

To Doリストか
うん
最近こずえは前にも増してテキパキ動くようになったが
それのおかげかな?
お客さんに教えてもらったんだ!
1日を「計画を考える時間」と「行動する時間」にしっかり分けるようにしたのがいいのかも!
なるほどなぁ
大学用にもリスト作ってるんだけど
やるべきことを書き出すってそれだけで結構スッキリするみたい
なかなかいい感じだよ!
明日のことは配慮すべきである。細心の注意を払って計画し準備すべきである。だが心配するには及ばない。
――『道は開ける』D・カーネギー　P.29――
お兄ちゃんもやってみたら?
んー…
俺そーゆーの興味ないから
もー
はは…
悦郎はマイペースなのがいいところではあるんだがなあ…
――ところが
そんな呑気なことを言ってられなくなる事件が起こってしまったのです――
ザワ
ザワ
――えっ
オヤジが交通事故!?
お兄ちゃん
お父さんは大丈夫…!?

こずえ
心配かけたな
大したことはないんだよ
右足を骨折したって……
骨折…
バイト休んだんだろう大丈夫だったのか?
うん お母さんも小いち姐さんも「気にしないでお大事に」って
命に別状がなかったのはよかったけど…入院するの?
ああ…
複雑骨折だったからな リハビリでしばらくかかりそうだ
そんな 仕事はどうすんだよ!?
長期間休業するわけにはいかんだろう
申し訳ないが悦郎に任せるよ
ええ!?
あわわわ
月単位の事務・経理処理は前に一通り教えただろう?
だ だけど そんなのまだ当分はオヤジがやると思ってたから俺
わしは事故関係の処理や保険の手続き諸々をしなきゃいかんからな…
自分で判断できない問題があったら聞きに来なさい
頼んだぞ
そんな……
屋台骨の父のケガで
長村家最大のピンチです……!
ええっと 発注に顧客管理
うろ
うろ
入金チェックと…あとメーカーにも連絡しないと
明日の訪問先も確認して…えーと
お兄ちゃん落ち着いて こういうときはやることを整理して
うるさいな いま考えてる!

ムカ
ちょっと来て！
ぐいっ
な なんだよ…
いいから！
小はるちゃん
お父様大丈夫だったの？
入院されたって言ってたけど…
お母さん
小いち姐さん
ご迷惑おかけしてすみませんでした
あの
実はその件で兄の相談にのっていただきたいんです
!?
おおい こずえ
お前何言って
長村さんの？
小はるちゃん落ち着いて
私達でお役に立てるのなら…
まずは話を聞かせてもらえる？
何言ってじゃないよ！
お兄ちゃんが私の言うことじゃ聞く耳持たないからでしょ!!
ぐわっ
なるほど…
それは心配ね
お店もどうしたらいいか…
他に頼れる人もいなくって

一番大切なのは
仕事を止めないことでしょうね
だ だけど 店の経営については初めてだらけで………
誰でも最初はそうですよ
でも 行動するしかない
そこでうまく乗り切れるかどうかが次の信用に関わってくるんです
…うまく乗り切れるか…
…………
――こういうときは
「最悪を考えてみる」
というのがいいそうですよ
最悪を？
前に進むのが怖いんでしょう
そんなときは
「起こりうる最悪の事態」を想定してみるの
いまこの状況で長村さんにとって最悪の事態って何かしら？
え
……えっと
僕のせいで店が大赤字になる…？
もっと最悪のケースがあり得るわ
お父様の容態が急変して他界
経営に失敗して家も土地も手放すハメになり
2人は離ればなれでその日暮らしの生活に……
とか
えええ

い
いくらなんでも
そこまでは
もちろん
そうね
万が一にも
そんな最悪
起こりえない
でしょう
?
つまり
1カ月やそこら
あなたが経営に
苦戦をしたって
そこまで最悪の
状態にはならない ってこと
ああ…
だから
何をしたって
大丈夫なの
……
ホッ…
そ そうか
ちょっとぐらい
ミスをしたって
すぐ路頭に迷う
わけでもないか
前に進むしかないのに
どうしても踏み出せない
…………
そんなときの
考え方の
コツですね
最悪をイメージして
おけば どう転んでも
「儲けもの」って
考えられるから
私だって新しい子を
預かるときはいつも
不安よ
でも万一それで
うちが信用を
落としたって
最悪この家が
なくなる
だけだもの
みんなの行き先を
世話して私が
生きていく位なら
どうとでもなるわ
お母さん…
私を採用
したときも
そこまで考えて
くれてたんだ…
よ
よし
やってみるか…!

事実に基づいて慎重に決断したならば、行動に移れ…。考え直したりするな。ためらったり、危ぶんだり、後戻りしてはならない。ひとたび自分を疑い出したら、また別の疑いが生じてくる。もはや肩越しに後ろを振り返ってはならないのだ。

――『道は開ける』D・カーネギー　P.80――

人間の性格のうちで最も悲劇的なものは、どの人でも人生から逃避したくなるという点だろう。私達は誰も、水平線のかなたにある魔法のバラ園を夢見ている。そのくせに、我が家の窓の外で今日も咲き誇るバラの花など見向きもしないのだ。

——『道は開ける』D・カーネギー　P.36～37——

Chapter 5

悩みの性質を知り、悩みを遠ざける

明日のことは配慮すべきだが、考えすぎる必要はない

カーネギーによれば、人間の性格で一番悲劇的なのは、人生から逃避したくなる点だという。目の前に楽しむチャンスがあっても、「仕事が落ち着いたら」『貯金ができたら」などと、やらない理由を考えて、「もっといい状況」を求め、行動を先送りにしてしまう。誰からも愛される理想の自分を夢見て、いま現実の自分を支えてくれる友人や家族には無関心。感謝を忘れ「もっといい人生を生きたい」と願ってしまう。

こんな風に実際の人生から逃避すると、悩みが生じやすい、とカーネギーは言う。自分の悩みを思い出して、「いつのことについて悩んでいるのか」を確認すると、それがよくわかる。過去の言動に関する後悔や将来の心配が悩みの種になっていることが多い。過去や未来は、いまの自分には、どうしようもできない。だから悩みとなる。できないことを「できない、できない」ともどかしく思う。それが悩みの正体なのだ。

自分で何かを変えられるのは、「いま」という時間においてだけ。そもそも人生は、毎時間や毎日の積み重ねに過ぎない。そしてその時間は、2度と巡ってこない。明日のことを考えるのも大事だが、いまの時間を無駄にしていては、いい明日は来ない。明日のことには配慮すべきだが、考えすぎても無意味なのだ。

最悪の事態を想定して対策を練る

ノーベル医学賞受賞者のアレクシス・カレル博士は、悩みに対する戦略を知らないものは若死にする、と言った。そんな人のためにカーネギーは戦略を説いている。

まず悩んでいる事柄について、起こりうる最悪の事態を想定する。失業するのか、損失はどの程度かなど、具体的に考え、最悪の状態を受け入れることを覚悟する。「起きたらどうしよう」という恐怖心は思考力を失わせる。思い切って受け入れる覚悟をすれば、意外と冷静になれるものだ。最後に、最悪の状態を少しでも避けるべく努力する。事前に準備をしておくと、落ち着いて対処できるため、意外と最悪の事態は起こらないものだ。悩みの最大の問題は集中力を奪うこと。悩み始めると妄想が広がり、悩みはさらに深まる。悶々と考えるのはやめ、いまを大切に行動しよう。それが悩みを減らすのだ。

悩みを気にせず物事に打ち込むコツ

「悩み」に対処する方法を知らない人：心を病む ➡ 健康を害する ➡ 若死にする

ためらう自分の背中を自分で押すには？

① 「問題を解決できなかったときに起こりうる最悪の事態とは何か？」と考える。
② 「やむを得ないときは、その事態を受け入れよう」と心の準備をする。
③ 落ちついて、最悪の事態を改善する方法に取り組む。
（すでに心の準備があるので、それができる）

悩みの元を断つには？

① **悩みの正体をよく分析する**
（＝答えを書き出して頭を整理する）
➡ 私は何について悩んでいるのか？／その事態のために私は何ができるか？／私は何を実行しようとしているのか？／それをいつから実行するのか？

② **悩みの原因となる事態を改善する**
➡ 問題点は何か？／その原因は何か？／どんな解決策がありえるのか？／自分にとっておすすめの解決策はどれか？

➡ やることを決めたら、今日という日に毎日集中して生活する
（昨日のことで後悔しない。明日のことで心配しない。今日という締め切りだけを意識して働く）

カーネギーが生徒の"実験結果"を集めて書いた『道は開ける』

若い頃、カーネギーは絶望の淵にいた。ゴキブリが群れをなす安アパートに暮らし、まずい食事をする日々。仕事は全く興味のないトラック販売で楽しめない。毎晩のように失望や偏頭痛に苦しみ、人生には何も希望を感じなかったという。

この状況を変えたのは、カーネギー自身の決断だった。彼は、金銭的に当てがないのに、仕事を辞めることを決意。大学に通い、バイトすればいいと考えた。

自分が学んだ中で、話し方が仕事のうえで重要だと気づいたカーネギーは、話し方を教える仕事を探した。いくつか門を叩いてやっとチャンスをもらったのが、YMCAの夜間学校だ。

だが、夜間学校に来るのは、すでにビジネスの場で活躍するセールスパーソン達。要求度が高く、満足しないと授業料を払わないような人達だった。

割りの悪いバイトだが、カーネギーは金銭を気にしなかった。毎回授業に新鮮さを盛り込み、生徒のために工夫した。その努力が生徒に伝わると、口コミで生徒数は増加。給料も上がった。そして新しいテーマの授業を始めた。

それは「悩み」の対処法についての授業だった。カーネギーは受講生達の現実の悩みを解決する試みを始めたのだ。いろんな原則を紹介して実際に試してもらい、その結果を発表してもらう。講座は、いわば悩み解決の実験室となった。

この実験結果から生まれたのが、『道は開ける』という本。この本では、自分が若い頃に味わった失敗や、受講者達の現実の悩みとその解決方法が豊富に紹介されている。

Chapter
6

悩みを減らし、悩みと上手くつき合うには？

悩みが多い人というのは、
悩むクセ（習慣）が身についてしまっていることが多い。
悩まないようにするには、
悩みの種を根本的に解決するよりも、
悩みに近づかない生活を実践するように心がけた方が早い。
カーネギーが整理したその考え方を紹介しよう。

あー 困ったなあ
はー……
ほんと どうしよー…
何 今度は留理子が ため息？ どうしたの？
ノートよ ノート！ こずえにも 貸してた じゃない？
あ うん
その節は ありがとね！ おかげさまで
留理子には すっかりお世話に なっちゃって
ううん こずえは自分で ちゃんと頑張って たし ノートもすぐに 返してくれたから 全然いいんだけど
奈緒ちゃんにも 何科目か貸してて それが戻って こないんだよー！
えー そうだったんだ
もう約束から 3日も過ぎてん だよ？
LINEで 聞いてみたの？
んー 1時にここに 持ってきてくれる って約束したん だけど
いま何時…？
…1時 42分
って訳 なのよ……
もーテスト 来週なのに やばいよー
あちゃー 困ったねえ…
あ いたいた
留理子ー
！
奈緒ちゃん やっと来た！

もー遅いよー!
だってコピー機すっごい混んでてー
テスト前ってめっちゃ混むよねー
はい ノート
……あれ
経済学概論は?
あそれはまだだから明日返すねー
え
またお昼頃持ってくるから
じゃねー
えっ ちょっと…
んもーー
貸さなきゃよかった!!
どん!
留理子は面倒見いいもんね…
押しに弱いだけだよー
どうしてもって言われると断わりづらいじゃん
そっか…
ん
まあ1科目以外は戻ってきたし
とりあえずお昼食べなよ
ガサ
そうする………
あ
今度はどうしたの?
肉まん頼んだのにあんまんが入ってる………
あんまん苦手なのにーー!
もーやだーー
き今日は災難だね…
購買に言ってきなよ
もうかじっちゃった………
ぐすん

…あーあ
やっぱり購買に言ってくればよかったかな…
お昼のあんまんの話？
うん
また同じことされたらいやだし
でも証明するの大変かもだしなあ
あーあ レシートもらっとけばよかった
はーー…
ノートのこともだし今日は本当についてないよ…
元気出して
どっちも留理子のせいじゃないじゃん
どうにもできないんだったら悩むのもったいないよ！
米田さんの受け売りだけど
うん…そうだけど…
自分にどうにもできないことを気に病んでも問題の解決にはならないもんさ
留理子 早く元気になるといいなあ……
落ち着いたら米田さんの話教えてあげよう
よし
私はといえば
周囲の助けもあって 最近はかなり順調な毎日です
お父さんのケガは災難だったけど
お兄ちゃんも最近かなり生き生きして頑張ってるよね
そういえば今日 華の家にお礼に行くって言ってたけど
うまくいったかな？
ただいまあ
……あれ
お兄ちゃん帰ってたんだ！
どうだった？小いち姐さん食事に誘えた？

………？
どしたの？
………こずえ
俺は もう 終わった…
は？
もう おしまいだあ
えっ な何 どうしたの
——数時間前 華の家
ピンポーン
ピンポーン
ドキ ドキ
はい…あら 長村さん
ど どうも

こっ
この間は
ありがとう
ございました！
あら
わざわざ
ご丁寧に…
ありがとう
ございます
つっまらない
ものですが…
とんでもない
せっかくですから
お茶でも召し
上がっていって
くださいな
随分とがんばって
いらっしゃるって
小はるちゃんに
伺ってますわ
いいえ
精一杯やれる
ことをやってる
だけで…
お母さん
きく里の
明里さんが
みえました
お座敷で急に
帯の柄のご指定が
あったらしくて
うちに無いかって
お父様の
ご容態は…
ははい
あら
ピンポーン
すみません
少し失礼
します
ハハイ
そうなの
じゃあ私が
出るわ
しょんぼり…
………
長村さん
申し訳
ありません
もう帰れって
ことかな…
あ
いいえ
…あの
小いちちゃん
しばらく
お願いね
はい
！
ふ
2人きり
だ――！
ドキ
ドキ
ドキ
ドキ

あ
あの…
はい
どどうしよう……何て話せば
お父様
お加減はいかがですか？
シン・・・
「し」「食事」…
…えーとえーと…
あっハハイ
おかげさまで来週には退院できるようです
まだしばらくは松葉杖ですが…
まあそれはおめでとうございます！
色々ありましたがいまとなってはいい経験になりました…
本当によかったですわ
奇しくも後継者が育つなんて
お父様にとっても怪我の功名かもしれませんわね
いや…ハハ…後継者なんて大それたもんじゃ
ちちっちゃな電器店ですし
ままあ僕は跡を継ぐかまだわかりませんけど
えっ
…そうなんですか？
ほ他の道もあるんじゃないか…なんて考えることもあったりして
ほほら
野崎とかすごいじゃないですか

潤お兄ちゃん
…野崎さんは確かに小さい頃から物怖じしなくて行動力のある人でしたね
…でしょう
ハハ
中学のときもいつもみんなの中心にいるような奴で
俺は逆にいつも隅っこで
………
だめだ…やっぱりこんな俺じゃ
え？
私は望んで母と同じ道に進むと決めたのですけれど
やっぱり入ってみないとわからない苦労もたくさんありましたから…
市子さんも親の仕事を…
あ！
野崎のやつそれであんなことを
「お前達似た所もあるし」
私も
長村さんのように考えたことがありました
学生時代の友人達の色んな生き方を見て「これでよかったのかな？」と思ったことがないといえば嘘になります
普通の会社員やケーキ屋さんや学校の先生や…私にもそんな生き方があったかもしれない
って

じじゃあ「辞めたい」って思ったことは…
何度もあります
だって「芸妓は婚期が遅いぞ」って姐さん達が皆言うんですもの
それでも芸妓を続けているのは
…気がついたからでしょうね
私は私の生き方でしか生きられないということに
結局どんな状況でも前向きになれるかどうかって
自分次第なんですよね
確かに周囲の条件だけで人間の幸福や不幸が決まるわけではない。私達の感情を左右するのは、周囲の状況に対する反応の仕方である。
――『道は開ける』D・カーネギー　P.131――
自分次第…か
あの い市子さん
よし…!
はい
その おお礼をきちんとしたいので
あの…こ今度食事でも…
…………
市子さん
お話し中ごめんなさいね
お母さん

ご用はもう済んだんですか？
ええ　明里さんが次のお稽古のことでお話があるそうなの
長村さんばたばたして申し訳ありません
きちんとお構いもできなくて…
いいえそんな……
あの…さっきの件は……
長村さん
どうかまたパソコンの調子
見てくださいね
ペこ
あっ
あの…僕はこれで
—それって「仕事以外の話はするな」ってことだろ…？
……
俺はもうダメだ…おしまいだ…!!ううう…
えええええー!?ほんと？
どっちにしたって俺なんか眼中にないってことじゃないかなあ…………
いや　いやいや待って待って
まだ「はい」とも「いいえ」とも言われてないんでしょ!?
無視されたんだぞ？
「もうこの話はするな」って意味に決まってるだろ……
待ってってば
おっかしいなー
小いち姐さんから彼氏の話なんて聞いたことないのに

ね
事実だけを整理してみなよ
食事に誘ったらそれには答えがなくて
「またパソコンを見てください」って言われた
それだけでしょ？
振られたわけでも嫌われたわけでもないって！
………俺が
？
俺がもっとスマートに誘えてたらよかったのかな…………
もう起きちゃったことは変えられないよ
「こぼしたミルクは取り戻せない」っていうもの
………は？
前に私がレポートのことで悩んでたときにお客さんに教えてもらったの
人は3分前の出来事だって「なかったこと」にはできない…
不注意で排水口に流したミルクと同じさ
自分の浅はかさをどんなに嘆いても1滴だって取り戻せはしない

小はるちゃんがレポートで最低のEをもらった事実はもう変えられないだからそのことでくよくよしても仕方がないいんだよ
できることはそこから学んで次から工夫するか
忘れるか
それしかないいんだ
過去を建設的なものにする方法は、天下広しといえども、ただ１つしかない。過去の失敗を冷静に分析して何かの足しにする―― あとは忘れることだ。
――『道は開ける』D・カーネギー　P.154～155――
「できることがあればやる
なければやらない
そしてもうそのことは考えない」
これが悩まない秘訣なんだって
そ そんなこと言っても
市子さんのことを考えないようになんて
じゃあ行動するしかないじゃん！
行動って言ったって…
！
そうだ…!!
「パソコンをまた見てください」って言われたんでしょ？
ああ…
それって「また連絡してください」ってことじゃない？
ほ ほんとか!?
絶対そうだよ！
誘い方が不器用とか関係ないよ
姐さんはいろんな人を見てるんだからかっこだけの人なんてすぐに見抜くもの
もっと心を見てくれるはずだよ！

そ そうか…
そうかな
絶対そうだよ！折見てまた電話してみなよ
……電話か ……よし
も もう一度…！
そっか……
起きたことで後悔するのはやめて未来を変える行動を考えなさい…ってことか
うん
ちょっとは悩んでいいかもしれないけど悩みすぎてる人も多いよ
ってそのお客さんが
なるほどねぇ
くよくよしがちな人っていうのはね
大抵その出来事の価値を過大評価しすぎているんだよ
「それは自分の時間をそんなに割いて考えるべきことか？」
って自問すれば大抵の場合答えは「ノー」になるものなんだ

悩みは適当なところで切り上げろ
かぁ…
留理子ー
！
奈緒ちゃん また遅刻だよ！
ゴメンゴメン
今日もコピー機並んでてさぁ
はい ノート また よろしくー♪
…………
元々の約束4日前だよ？
えーだって バイトが忙しくってー コピーする暇なかったんだもん
…結局私 別の資料で勉強してたんだけど
え 勉強できたならいいじゃん 別に
まそんな細かいこと気にしないでさ
また お願いね！
留理子？
…………あのね
ノートを貸すのはいいよ？
…でも
でも 次に約束より遅れたら もう貸さないから
……わかった？

え
あ
ううん
じゃ
じゃあねー
……留理子
大丈夫？
——うん
確かに
いつまでもくすぶってるよりも
よっぽど
気が楽かも！
——
よかった……！

ただいまー
おーこずえ!
おかえり!
………
どっどうしたの!?
昨日お前に言われたろ
それでさっき華の家さんに電話してみたんだよ
!
小いち姐さんと話せたの!?
ああ
プルルル…
カチャ
はい華の家です
あ な長村です
…昨日はどうも
よかった市子さんだ
あのパソコンの調子を見てほしいとおっしゃってたので…
ええと…何かわからないことがあればと
…よかった!長村さん
え?
本来なら私の方からお電話すべきだったんですけれど…
いただいたお電話でごめんなさい
昨日のこと
ひと言謝りたくて
え
…えっ?
仕事抜きで男性と「ご飯食べ」に行くなんて
よその置屋の芸妓の手前その場でお返事しづらくて……

あ
…それで あんな言い方に……
失礼をして ごめんなさい
変に噂になって しまっても ご迷惑でしょう?
それじゃあ
あ あの
食事の件は……………
はい
お礼して いただくような ことは何も していないの ですけれど…
ぜひ 今度
ご一緒に お食事できれば 嬉しいです
って訳さ
いやぁ あれが 花柳界の処世術 って奴なのかな
お前もその辺 まだまだ だなー
へー……
はっはっはっ
はっは
何?
あー……
こないだから
…いろいろ…… ありがとな
もー 浮かれちゃって……
ま 元気になったん ならいいか
…こずえ
ゴホン
まあ その なんかさ
浮かれすぎて 熱でも出たの ……?
大丈夫……?
素直に 受け取れよ!

Chapter 6

悩みが多い人は悩みやすい思考回路を持っている

仕事や趣味に没頭して悩む暇をなくす

悩みの恐ろしい点は、それが習慣になってしまうこと。そういう人は、悩んでいる状態が当たり前になってしまっている。1つ悩み始めると、どんどん悩みが連鎖的に増え、ストレスが蓄積してしまうのだ。悩みが多いと感じる人は、カーネギー流の悩みを忘れる6つの習慣を試してみよう（左ページ図）。

その1つにあるのが、常に忙しくしていること。心理学の法則によれば、人間は一度に1つのことしか感じたり考えたりすることができない。たとえば「ウキウキした気分」と「心が沈む」状態は、同時には起こらない。だから、仕事や趣味に没頭してしまえば、悩みのことを考えなくて済む。悩みに押し潰されそうな人は、自分を忙殺してしまおう。文字通り「悩む暇もないくらい忙しい」状態に持っていくのだ。

また、「覆水盆に返らず」という諺《ことわざ》を体現するのも大切だ。過去のことは過去のこと。3分前の失敗ですら人間は変更できない。できるのは失敗の結果（＝現在）を修正することだけだ、と割り切るのだ。

カーネギーは、シェークスピアのこんな忠告を紹介している。「賢い人達は座ったまま損失を嘆いたりはしない。元気よくその損害を償う方策を探すのだ」。

避けられない出来事はやり過ごす

シワや髪のことで悩む人もいる。だが、避けられない問題は受け入れたほうが気が楽。すると、「変えられる部分を変える勇気」が湧いてくる。カーネギーは幼い頃に指を1本失ったが、嘆いても仕方ないと割り切った。以来、その事実に気づくのは月に1回程度だったという。

また、細かいことで心を乱さないことも大切。職場の人間関係を気に病む人は多いが、やるべきことは別にあるはず。自分にとって大事な目標に意識を傾けよう。

「ストップ・ロス・オーダー」の考えを真似る手もある。株が一定額まで下落したら必ず売却して損失を限定する方法だが、これを応用し、「嫌味な上司の皮肉を真に受けるのは2回まで」などと決める。遅刻がちな友達に悩まされるなら「約束に15分遅れたら帰る」と宣言する。このように悩みの種に歯止めをかけると、気が楽になる。

☑ 悩むクセを直す6つの習慣

① 常に忙しく働く
➡ 不安や失望に駆られないように、常に自分を忘れるくらいの活動を続ける。悩む暇などないほど忙しくする。

② 小さなことにくよくよしない
➡ つまらないことはさっさと忘れて、心を乱さないようにする。小さいことを気にするのは人生の無駄遣いと割り切る。

③「その不安が的中する確率は？」と自問する
➡「実際、その事態は何%の確率で起きるのだろう？」と考える。気になるなら調べる。すると、多くの場合、取り越し苦労だとわかる。

④ 避けられない運命には従う
➡ 自分の力を超えて起きる出来事には、逆らうだけエネルギーの無駄。いち早く受け入れ、同調し、その状況に自分を順応させる。

⑤ 気持ちの切り替え時を自分で決める
➡ 悩みの対象である事態の重要性を冷静に評価し、どこまで悩むべきかを決める。そして「これ以上悩んでも事態が改善しなければ手を引く（忘れる）」などと潮時を決める。

⑥ 過去の失敗で後悔しない
➡ こぼしたミルクを取り戻すことはできない。同様に、起きてしまった出来事（結果）を変えることはできない。教訓にするか、さっさと忘れるようにする。

カーネギーが説く 上手なスピーチのコツ

カーネギーが初めて持った講座のテーマはスピーチ術。その要点は、『話し方入門』に整理されている。一部を紹介しよう。

スピーチで肝心なのは「入り」。聞き手の集中力が最も高く、その後の印象が決まってしまうからだ。

まず、「私には過ぎた役目なのですが」「準備不足ですが」と遠慮がちな言葉で始めるのはよくない。額面通りに受け取られ、本当に聴いてもらえない。「日本経済は……」「この会社の歴史は……」などの堅苦しい導入もNG。「よくある話か」と思われ、注目を失う。笑いを取りにいくのも避けたほうがいい。上手くいけばいいが、大抵、聴衆を困惑させるだけで終わる。

すぐ注目を集めるのに適しているのは、ちょっとした体験談のような具体的な話。あるいは、著名人の言葉などを引き合いに出してもいい。肝心の部分を後ろに持ってきて構成を工夫すると、聴衆の好奇心を惹きつけることができる。ただし、導入はできるだけ短くして、すぐ本題に突入するのがコツ。

本題に入ったら、まず聴衆とのつながりを意識する。聴衆とは、一人ひとりの集まり。緊張しないように聴衆の頭の向こうを見て話す人もいるが、カーネギー流ではNG。独り言と変わらないからだ。それぞれの顔を見ながら話すことが大切だ。

次に、いつもの口調で話す。気負って人のマネをしたり、芝居がかった口調になる人がいるが、単に不自然な印象を与えるだけ。最後に、リズムを変えること。淡々と話すだけだと、聴衆は飽きる。緊張でリズムが取りづらかったら、重要なポイントの前後に沈黙を空けるようにするといい。

Chapter
7

悩みを手放し、自分の人生を始めるには?

人間にとって、悩みが生まれそうな場面は共通している。
だが、そこで悩む人と悩まない人がいる。
その違いは何かというと、
要は心の持ちようだ、とカーネギーは言う。
悩むとは、過去を悔い、
未来を必要以上に心配することにすぎない。
そんな気持ちを忘れる方法を見ていこう。

いやぁなんだか申し訳ないですね
わざわざこんな席を設けていただいて……
ザワ
ザワ
いやいや
長村さんの全快祝いにかこつけて商店街仲間でハメを外そうって話ですから
そうそう
昨今なかなかこういう機会もつくれなくなってますからなぁ
ザワ
失礼します
ビールおかわりお持ちしました
おっ
来た来たこずえちゃん!
さすがだねえ
着物もちゃんと着こなしてるじゃないか
ありがとうございます!
まあ飲んで!
こずえちゃんももう飲める歳なんだろ?
いただきます
でもここでは小はるですよ!
そうだった!
ワハハハ
しかし早いもんだねえ
小はるちゃんももうそんな歳か
そろそろ就職活動なんじゃないのかい?
本格的な時期はまだ少し先ですね
どんな職種とか決めたの?
いろいろ資格を取ってる友達もいますけど
私はまだ…
!
ザワ
ぼやぼやしてるとあっという間に時間が過ぎるぞーー?
ですかねー
お兄ちゃん飲んでる?
……飲んでるよ
なんか暗いなー
せっかくお祝いの席なんだし楽しまないとだよ
商店街の人達ばっかなんだから気も遣わなくていいんだし!
うるさいなぁ
ほっとけよ

身内の飲み会なら静かに飲んでたっていいだろ
んもー覇気がないなあ
まだこの間のデートのこと気にしてるのか…
!
いやあしかし綺麗な子だなあ
本当に目の保養ですなあ
べっぴんさんていうのはああいうのを言うんですな
彼女小いちちゃんだっけ？
どうだい悦郎君
ああいう子はタイプじゃないのかい？
おおそうだちょっと話しかけてみなよ！
ブッ
歳のバランスもよさそうじゃないか
ほれぼーっとしとらんで食事でも誘ってごらんよ
は…はあ…
いいじゃない悦郎君まだ独り身なんでしょ？こういうときに頑張らなきゃ！
いやあの僕はそういうの器用にできないんで………
じゃ私が呼んであげるわよ！
え
小いちちゃん！

はい
なんでしょうか
ほら
呼んで
あげたわよ!
え
は
いや
あの…
遠慮しない!
若いんだから
どんどん
行かないと!
あ…
あの
かあぁ…
ど…
どうも
なんだ
硬いなあ
どっ
わははーは
ほら
会話しなって!
聞きたいこと
ないの?
趣味とか
好きなタイプ
とかさ
はは
は
あでも
彼女にいい人が
いたらダメか
どうなの?
小いちちゃん
いえ
…いい人がいれば
いいんですけど
じゃあ
小いちちゃんの
好みのタイプは?
好み…
ですか
そうそう
はっ
――
そうですね
…自分に
自信があって
いつも前向きな
人には魅力を
感じますね
自信…
がーん

自分に自信…か
俺は程遠いな…………
…………
ぐ…。。
数日前――
まあ…こんな素敵なお店に
いいえっ ほんの気持ちですから！
カチーン
コチーン
ああのそれに芸妓さんがプライベートで遊ぶときは少し花街から離れたほうがいいと聞きましたので！
そんなお気遣いまで……ありがとうございます
市子さん私服姿も綺麗だ……!!
メニューをどうぞ
……ななんかやたら長いカタカナ名の料理ばっか…どどうしよう……
えと
うひぃ…
あのええと…
こちらのコース料理などはいかがでしょうか
えっ
あっはいはいじゃあそれで
ワインはいかがなさいますか
え あ
ひっ
ええとその
あはい
もた
ああのあまり高くないものを…
もた
こちらでグラスのものをお料理に合わせてご用意いたしましょうか

はっ
しまった
値段の話なんかしてショボイ奴だと思われるじゃないか〜!
?
お料理楽しみですね
あ ハハイっ
か会話
会話をスマートに…
ぐる ぐる ぐる
ええと
こうして色々市子さんが会話の糸口を投げてくれたにもかかわらず
緊張のあまりろくに喋れず
ハイ
ハイ
案の定料理の味もわからず
盛り上がりに欠けるまま食事は終わってしまったのだった…
今日はごちそうさまでした
いいえ…
…………あの
はい
な なんか うまく出来なくてすいません…
そんな
野崎とかならもっとスマートにできるんでしょうけど…
…………?
どうして野崎さんが?
いいや いまのお店あいつに教えてもらって予約したんで こういうときどうしたらとか全然わからなくて
!

あの
きちんとできなくて…本当にすいませんでした
長村さん…
――きちんとできないなんて
そんなこと…………
――そう…野崎さんのおすすめのお店だったんですね…
少し
残念ですね
ガーーーン
残念ですね
ずうん…
はぁあ…
やっぱり幻滅されたよな…
もっとスマートにできてたら…
転職するなら
NAVI
野崎と違って学歴も仕事の経歴もショボイし
転職して一発逆転てのも遠い夢だよなぁ
いまー
――あれ
何お兄ちゃん転職サイトなんて見てるの？

うわ!?
ななんだよ いきなり!?
いつ帰ってきたんだ?
いまただいまって言ったでしょー
お兄ちゃん転職したいの?
お前には関係ないだろ
ひょっとして姐さんとのデートのことまだ気にしてるの?
うるさいな
…ただ やっぱり俺みたいのじゃ釣り合わないなって思ってさ…
思いっきり気にしてんじゃん
お前みたいな性格の奴にはわからないよ
もー…
…あ そだ お客さんにいただいたお菓子があるよ
おせんべい食べて元気出しなよ!
はあ? …じじいじゃないんだからせんべいで喜ぶかよ……
何言ってんの! 知る人ぞ知る老舗の品だよー?
お客さんおすすめの逸品なんだから!
……… 後で食べるよ
はぁ…
………
あのね
そのお客さんね 会社を自分で興して軌道に乗せて…
いまは引退して悠々自適の趣味人! て感じの楽しい人だけど
小さい頃にご両親を失ってすごく苦労したんだって
母は僕が小3のときに家を出て行ってしまったし 父は中学で亡くしてね…
兄弟と離れ離れで親戚に育てられたんだ
お父様はどうして…
信用していた男に裏切られてね
共同経営のために用意していた資金を持ち逃げされてしまった

借金に追われる心労がたたって交通事故を起こしてしまったんだ
……
「親がいない」って随分いじめられたなあ
毎日泣いて帰って
「なんで俺だけこんな人生なんだ」って運命を呪ってた
でもあるとき
僕を引き取ってくれた伯母が言ったんだ
親がいない
友達がいない
楽しい思い出がない
……
そんな風にないものをいくら数えたって何も変わりやしない
ただ悲しくなるだけよ
「それよりも
いまあるものを数えてごらん」
ってね
そう言われてみると
確かに結構自分も恵まれているんだな
って気がついたんだよね
ご飯が食べられる
お風呂に入れる
暖かい布団で眠れる
自分に言葉をかけてくれる人がいる……
どれも当たり前のことじゃない
それがわかって僕も少し前向きになれたのさ

私達はもっと自分を恥じてもいい。私達は明けても暮れても美しいおとぎの国に住みながら、目をふさいで見ようともせず、見飽きているためそれに喜びを感じないのだ。

――『道は開ける』D・カーネギー P.218――

ねいい話でしょ？
…………
それがいまの俺と何の関係があるんだよ？
お兄ちゃんだっていい所あるんだからさ！
…………いい所ってどこだよ
だから お兄ちゃんも自分の持ってるものを数えよう
ってこと！
自分で自分をくさして落ち込んでたら世話ないよ
ね？
………
あ！お風呂沸かしてこなくちゃ！
はー…
やっぱり俺なんて……
長村電器
——悦郎
悪いな 1件配達頼むよ
…うん
——3丁目 佐倉さんか
ピンポーン
カチャ
はい
長村電器です

ご苦労様です どうぞ
ガチャ
どうも お世話に …………え
…じ じゃあ ここにサインか 押印を……
はい
!?
い 市子さん……!?
はい
え えっ
置屋でお世話に なっているので 私もお願い してみました
にこー
えええええ
……………
あ あの… 先日のこと…
長村さん

――もし お時間が 大丈夫でしたら
少し お散歩 しませんか？
気持ちいい でしょう？
休日はよく こうして
のんびり1人で 散歩したり するんですよ
……そ そうなん ですか…
気分転換 にもなるし
道端の ちょっとした変化が 面白かったりする んですよね
――市子さん
はい

市子さんは
…別の人になりたいなんて思ったこと ありますか？
…長村さんはそんな風に思うことがあるんですか？
た たとえば 僕が市子さんの幼馴染みだったらとか
たとえば もっといい仕事に就いててもっと気の利いた奴だったら とか…
…………
この前の続きみたいなお話ですね
芸妓の世界に入った頃は 毎日厳しく叱られていたものです
「作法がなってない」「踊りができていない」「気が利かない」…
先輩方がいつも羨ましかった
あの人みたいにすぐ振りつけを覚えられたら もっと機転が利いていたら…なんていつも思っていました
私なんてずっと一人前にはなれないだろう って…
…………

でも人って できないことの 方が多いんです よね
置屋のお母さん に言われて 気づいたんです
どんなことだって 最初はできないのが 当たり前
だから 自分にできることを 数えなさい
それが「あなた」 なのだから…
それからです
背伸びすることは ないんだ
自分は自分で いいんだって 思えるように なったのは
こんな私にも できることがある って気づいて
この仕事を選んで よかったって初めて 心底思えたんです
私達が日常生活で得られる心の安らぎや喜びは、自分の居場所や持ち物や、身分によって左右されるものではなく、気持ちの持ちよう１つで決まる…。外部の条件はほとんど関係がない。
――『道は開ける』D・カーネギー　P.175――
市子さん…
長村さん
自分で気づいて いないでしょう?
え
な 何ですか?
長村さんには 素敵な所がいっぱい あるってこと!
え
で でも俺 口下手だし
鈍感 だし…

それは誠実な人だから…
嘘がつけないってことでしょう？
それに料亭でお目にかかった日…
あの場であんな風にからかわれたのに私と知り合いということを明かさなかった
そ それはじ 自分の体裁のために市子さんをダシにするのは違うかなって
嬉しいです
………ご存知ですか？
芸妓が選ぶ男性は口が堅いことが鉄則なんですよ
長村さんには夢ってありますか？
夢……
いや…あの
どうせ町のちっぽけな電器店の息子ですし…
「大きな夢を持たないといけない」
そんな風に思えば苦しくなりますよね
でもそんなこと感じる必要なんてないと思うんです
……市子さんには
夢
あるんですか？

この町で芸妓として精一杯勤め上げること…
それが私の夢です
丘の上の松が無理ならば
谷あいの低木になれ
――だが
小川のほとりにある
もっとも美しい低木に
木になれないのなら
やぶになれ
やぶが無理ならば
一握りの草になれ
そして大通りを
楽しくしてやれ…
私が好きな詩の一節※です
全員が太陽になれるわけではない
でも
誰だってたくさんの星の1つくらいにはなれる
そうして無数の星が輝くから夜空は美しいんです
私に可能性があるのなら
その先に自然と道は開けると思っていますから
……ごめんなさい
お友達みたいに聞いてもらっちゃいました
………長村さん
ははい……！
1つ
お願いを聞いてもらっていいですか？
え…
すみませんねえ 時計の電池が切れてただけなんて…
いえ

※『道は開ける』229ページで紹介されているダグラス・マロックの詩（Be the Best of Whatever You Are）より

そうだ
小岩のおばあちゃん
入るとき気づいたんだけど表札が曲がってるよ
直さないの？
小岩
この歳になると力も入らなくてねえ…
工具もあるしあれくらいならすぐ直せるよ
ちょっと待ってて
ありがとうねえ
これくらいいつでもどうぞ
ワンワンワン
はい　これ　お菓子持ってって
え
若い人は好きかわからないけど
ね？
おせんべい
………おせんべいか
お願い…？
はい
——今度は
悦郎さんのおすすめのお店に
一緒に行きましょう？
——ううん　大好物だよ
ありがとうおばあちゃん

他人への配慮は、自分自身についての悩みから人間を救うのみではない。多くの友人をつくり、多くの楽しみを得るのにも役立つ。

——『道は開ける』D・カーネギー　P.257——

Chapter 7

考え方を変えて静かで安定した心の状態を手に入れる

状況をどう受け止めるかは自分次第。思考を変えれば道は開ける

悩みの多い人は、別に人より不幸の数が多いわけではない。単に、悩みやすい思考パターンを持っているだけだ。悩みで人生を浪費しないためにも、少しずつそれを変えていこう（左ページ図）。

たとえば、対抗意識が強く、人に後れを取るとつい仕返しをしたくなる人。このタイプは、相手の言動をすぐ悪意に受け取って、仕返ししようと考える。だが、それでは相手との溝は深まるだけ。周りの印象もよくないし、気持ちも落ち着かない。嫌いな人のことを考えるのは時間の無駄と、切り捨ててしまおう。

人の善意や感謝を期待しすぎるのもよくない。あいさつしたのに無視された、親切にしたのに「ありがとう」がない、と気分を害する人がいる。だが元来、人間は感謝を忘れやすい動物。感謝とは教育により後天的に育つ気持ち。期待しなければ、腹も立たない。逆に与える喜びに価値を置くように思考を変えよう。

人の真似をしたり言いなりになるのも考えもの。よく思われようと人に合わせたり、誰かを模倣して演技をすれば、いずれ辻褄が合わなくなって、恥をかいたり惨めな思いをしたりする。自分を知り、自分らしさを心がければ、架空の自己評価や自己イメージとのギャップに悩むことはなくなる。

足りないものより、いまあるものを数える

一番問題なのは、すぐ他人と比べたがる考え方だ。いつも他人と比較して、「自分は運が悪い」「能力がない」などと、自分の境遇や財産に不満を感じてしまう。他人と自分は違うのが当然なのだから、自分にないものを数え出したら、キリがない。そうして嘆いても無意味だ。

本来やるべきは、自分の持っているものの真価を見直すこと。自分にあるものを数えてみよう。目や鼻など体の1つひとつや、家族、友人。いくら金銭を積まれても、絶対に失いたくない大切なものはたくさんあるはずだ。普段からその価値を意識し、もっと大事にするのだ。

カーネギーによれば、心の安らぎや喜びは、自分の居場所や持ち物によって決まるわけではない。気持ちの持ちようで決まるのだ。自分に平和をもたらせるのは、自分自身だけ。悩みを感じたら、考え方を見直そう。

☑ 静かで落ち着いた心を保つ７つの思考パターン

① 陽気に明るく考え、行動する
➡どんな状況でも楽しい、ありがたい、と思って物事に取り組めば、自然と楽しくなる。つまらない、惨めだと思えば、不満だらけになる。常に出来事のプラスの面に注目する。

② 対抗意識や憎しみに囚《とら》われない
➡敵やライバルに対抗意識を燃やすことは、自分の感情を相手に支配させているのと同じ。睡眠、食欲、血圧など健康にも悪い影響を及ぼす。嫌いな人のことを考える必要などない。

③ 感謝されないことを気にしない
➡感謝の念とは、後天的なもので、誰もが普通に抱くわけではない。そう割り切れば、お礼がなくても腹は立たない。感謝を期待せず、与える喜びのために与えることが本当の幸せ。

④ 困難や苦しみを数えず、恩恵を数える
➡足りないものを数えるのではなく、当たり前のように自分にあるものを見直し、それを数える。自分に備わるものを省みず、欠けているもののことばかり考えると悩みは尽きない。

⑤ 自分を知り、自分自身であろうとする
➡人のマネをしようとすると苦しくなる。本来の自分の姿に気づき、自分自身として生きる。人類の歴史上、同じ個人は存在しない。人は誰でも個性的なのだと、自分に自信を持つ。

⑥ 不運に見舞われたときは、嘆くよりもそこから学ぶ
➡不運に面したら嘆くのではなく、「ここからどんな教訓が得られるだろう？　どうしたら状況が改善するだろう?」と考える。逆境のときこそ自分を鍛えるチャンスだと考える。

⑦ 他人に関心を持ち、自分のことを考える時間を減らす
➡自分の利益ばかり考えるから不平不満でイライラする。毎日、誰かに喜んでもらえるような善行を心がけ、自分のことを忘れれば心は安定する。

カーネギーの両親はどうやって悩みを克服したか

前節では、悩みを克服するには思考の仕方が大切だというカーネギーの考えを紹介した。カーネギーがこの確信に至ったのは、自分の両親による悩み克服法を目の当たりにしたからだ。

カーネギーの両親は、客観的に見ても運に恵まれていなかった。頑張って育てたトウモロコシ畑が大洪水に流される。洪水がない年は、穀物価格が暴落。豚を育てれば、病気で死んでしまう。必死に働いても、貯金どころか借金が膨らむ一方。農家を始めて30年。頑張った結果は、借金と屈辱だった。

しかし、貧乏に悩まなかったし、子ども達にも優しかった。その前向きな理由は「お祈り」にあった、とカーネギーは著書で語る。両親は神の愛と保護を願い毎日お祈りをした。神の教えさえ守っていれば、すべてがよくなると信じ切っていたのだ。

キリスト教やイスラム教、そして仏教など、世界には様々な宗教がある。人類の長い歴史において、多くの人が宗教を信仰してきた。そしてお祈りを通じて、悩みを解決してきた。

別にカーネギーは、宗教をすすめているのではない。ただ、精神的な拠り所の大切さは説いている。そして、特に、お祈りは実用的だという。お祈りをすれば、何について悩んでいるかを言葉で表現できる。また、お祈りをすると「自分は1人ではない」と感じられ、気持ちが楽になる。さらに、何かが上手くいくように祈ると、前向きに努力する気持ちになれる。

日本ではお祈りに抵抗を感じる人も多いかもしれないが、静かな場所で心を落ち着かせて悩みを言葉にしてみる、親しい人に聞いてもらうなど、似た効果を得る方法はあるだろう。

Chapter
8

周りの声に動揺せず心と体を元気に保つには?

不当な批判や非難を浴びれば、誰でも気になる。
しかし、そこでくよくよしたり、
相手のことを気にしても前には進めない。
周りの声など気にせず、
自分の道を進むための心構えとは何か。
疲れ知らずでいつも元気よくしているコツも、
カーネギーは説いている。

数カ月後――
いらっしゃいませー！
キョロ
ザワ
お
やっと来た！
こっち
こっち！
遅刻だぞー
長村ぁ
友達の壮行会に遅刻なんて薄情な奴だなぁ！
ごめんごめん急にお客さんに呼び出されちゃって
ああだから作業着かー
野崎 遅れて悪かったな
いや全然
気にするなよ
野崎は次はシンガポールって言ったっけ
そう
2～3年かな…来週には日本を離れる予定だよ
いいよなシンガポール！
国際ビジネスの拠点だもんな街も綺麗だし
俺も年に何回か出張するから現地で会おうぜ！
おすすめの店教えてやるよ
ああ…
移動も大変なんだぜ！
俺も明日7時の飛行機なんだよなあ
こき使われて公僕は辛いよ
ハハハ
じゃあ今日は明日に響かないようにしないといけないな
そうかぁ
みんな飛び回ってるんだな
まあいつものことだからさ夜は遅いし朝は早いし
もう若くないっつーのにさぁ
そうそう
出来る奴ほど便利に使われちゃうんだよ
そうか
大変そうだね

いや でも やるしか ないんだよ！ 俺達の年代で 忙しくなきゃ 先がないって ことだしな！
プハー
ハハハ
そうそう
ま 長村は町の 電器屋だから わかんねえよな
ハハハ
そうだな
会社勤めや 公務員の苦労と 小売店の苦労は また違うからな
…へえ
お前も 頑張ってる みたいだな
おかげさまで なんとかね
小さい店の経営も 勉強してみると 面白くてさ
何でも自分で 決めて試せるし 売上げが収入に 直結するから シビアだけど やりがいがあるよ
最近調子が いいんで バイトを１人 増やそうかって オヤジと話してる
おー やるじゃんか！
………
…そうだ！ ウチの親が 冷蔵庫買い替え たいって言ってて さー
長村電器に 今度行くから 安くしてくれよ！ な？
ああ ごめん 安くっていうなら 量販店のほうが おすすめ
ウチは高い からさ
はあ？ なんだよー 商売だろ⁉
ウチみたいな小売りには 薄利多売方式は合わない からね
その代わり サービスはしっかり やってるつもりだよ
それでいいなら ぜひ店に来て くれよ
……ふーん
ま 町の小売店に 経営語られても なあ……
笑えるだけ っつーか

おい！
お前ちょっと
つっかかりすぎ
クス
いいよ
野崎
…確かに
俺の仕事の
規模なんて
みんなに比べれば
小さいものだし
もっと勉強しないと
みんなに追いつけない
ってわかってるから
――お前
変わったなあ
そうかな
なんだか
たくましく
なった
いままでが
かなり
情けなかった
からなあ
いいきっかけ
でもあったのか？
自分が幸せだとか
不幸だとか
考えるから
悩んだり妬んだり
してしまう……
そのことにやっと
気づけたことかな
…きっかけか
そうだな

そうか
…さっき何考えてたんだ?
え?
皮肉を言われて笑っただろ
そうだっけ
そうだよ 以前のお前なら落ち込んでたろ
ああ…
なんていうかさ 皮肉を言うっていうのは その人間のことが 気にかかるって ことだろ?
俺もそんな存在に なれたんだなー って思ったら つい
——なるほどなあ
「死んだ犬を蹴飛ばす者はいない」って奴か

注目に値する仕事をしている人ほど叩かれるってことだな
ああ うん そういうことかな
……お前の話でロバート・ピアリーのことを思い出したよ
ロバート？
犬ぞりで史上初めて北極点に到達したアメリカの探検家
海軍の軍人で8度目の挑戦で成功したそうだ
へー すごいじゃないか！
ああ
失敗続きではあるけれどトライする度に活動は注目されピアリーは人気者になっていった
すると上官達はその人気に嫉妬するあまり「アイツは北極でブラブラしている」と彼をこき下ろして挑戦を阻止しようとしたそうだよ
へえ…
だけど 俺の仕事はそんな偉業とは比べものにならないよ
俺の仕事だってそうさ
…でも「凡庸な人の仕事は誰も非難しない」
そう思えば何を言われても褒め言葉に聞こえるよな
あー なるほどなあ
…あ！
そうだ もう１つ笑った理由思い出した
何？

俺なんて欠点だらけなんだから
あいつが俺のことをもっとよく知ってたら
もっとずばり的を射た嫌味が言えたんだろうにって思ったら
なんか可笑しくなっちゃったんだ
……すごいな お前って
え 何が？
…いや

私達自身が自分に対する冷酷な批評家になろう。敵が一言も発言しないうちに、自分で自分の弱点を見つけて矯正しよう。…自己弁護は愚者のすることだ。…「もし批判者が他の欠点もことごとく知っていたら、もっともっと痛烈に私をやっつけたことだろう」と言って、私達の批判者を困惑させ、皆の賞賛を勝ち取ろうではないか。

——『人を動かす』D・カーネギー　P.309～310——

——そういえば市ちゃんとは最近どうなんだ？
うん ときどき一緒に食事に行ったりしてるよ
俺のよく行く定食屋さんとかすごい喜んでくれた
へぇ！

あと
歌舞伎とか
歌舞伎!?
お前が？
うん
芸妓さんの舞と
結構関わりが
深いらしくてさ
市子さんが
歌舞伎観るのが
好きなんだけど
俺よく
わかんないから
観に行ったときに
色々教えて
もらってるんだ
市子さん
教えるのも
上手いんだよなー
…なるほど
もう何の心配も
なさそうだな
え
なんか
言ったか？
何でも
ねーよ！
!?
いてて
……うーん
決まらない
なー
自己分析シート
終わらないの？
留理子がそんなに
悩むのって
珍しいね
だって
就職活動って
人生決まっちゃう
じゃん…
あーでも早く
進めないと
スケジュール
間に合わないよ
ねえ……
この後
業界研究に
適性テスト対策に
説明会の
エントリーに…
もー終わる気が
しないよー…！
卒論も
あるし…
留理子だいぶ
疲れてるでしょ
身体が資本
なんだから
早めに休んだ
方がいいよ？

いや！
そんなこと
言ってられないし！
フン
どん
みんな何十社って
エントリーする
んだもん
乗り遅れたら
取り返しが
つかないんだよ!?
焦っても
いいことないと
思うけど…
そういうこずえは
どこの業界とか
決めたの？
んー
まだいまは
なんとなく
だけど…
ほらー
そういうの
聞くと
焦っちゃう
んだよー…！
いや
でもやるしか
ないもんね
頑張る…！
……
よし！
！
こずえ
また休憩？
うん
丁度キリの
いい所だし
留理子も
休憩しようよ！
えー
…あたしは
いいや
時間もったいない
し……
………
無理
しないでね…
留理子……
疲れてる
みたい
心配だなあ
参加予定の
セミナーって
これだけだっけ
再来週のやつ
まだ間に合う？
ちょっと
待って…
大丈夫
みたい

──行きたい業界とかわかんない…
私 何になりたいんだろ
自己分析が中途半端なのかなあ…
私ってどんな仕事に向いてると思う？
大丈夫？
うーん…
「『やりたいこと』と『できること』を洗い出して
重なるものの中の『社会的意義のある活動』が自分に向く仕事です」
だって
学生なんだから「できること」なんてそんなにある訳ないのに
その中から「やりたいこと」って言われてもさあ………
はー…
やりたいこと
できること
喜んでもらえること…
やっぱり私………
…こずえ？

あ
うん
来週 企業の人が来る学内の就職説明会があるじゃん
うん
それでまた少しは見えてくるんじゃないかな
…そうかなあ
外からの意見を聞かないとわからないことってあるじゃない いま考えても意味ないよ
…そんなこと言ったって……
就職説明会当日――
が痛い
大丈夫？
留理
熱が出て
――熱でお休み…
やっぱり疲れてたんだよね…
留理子ショックだろうなあ…
…やっぱり
ちゃんと説明しよう
あれじゃもたないもの

はい 説明会の資料
ありがと…
よりによって当日に熱出すなんて
もー最悪…
また出遅れちゃったよ〜
まだ全然間に合うって！
こずえは相変わらず元気だよね………
私もうダメかも…
留理子まだ疲れてるよね
なんか心配で夜も寝た気がしないんだ こずえの元気を分けて欲しい…
…じゃあさ 留理子
思い切って今日はもう休もうよ
え!? 課題が溜まってるのにそんなこと出来るわけないじゃん
こずえは休んでも間に合うかもしれないけど私は違うんだから
留理子聞いて
これって効率よく仕事を進めるためのちゃんとした方法なんだよ！

本来は「疲れる前に休む」っていうのが作業効率を高めるいい方法なんだって
…疲れる前に？
なんか矛盾してない？
ふつーは疲れてから休むもんじゃん
それだと遅いの
風邪なんかも引かないように普段から予防したりするでしょ
それと同じで「疲労を予防する」って考え方が大切なの
つまり初めから疲れないように気をつけるってこと！
そもそも疲労っていろんな病気への抵抗力を弱めるし
ストレスに対する心の抵抗力を弱める元にもなっちゃう…
よく勉強でも運動でも「へとへとになるまでやらないとやった気がしない」って人がいるじゃない？
ギク
でもそれってすごく仕事効率を下げるやり方でコンスタントに働き続けられなくなっちゃうんだって
留理子だって何徹もしてたら逆に勉強の効率は下がるのわかるでしょう？
…あー確かに…
次の日の授業とか全然頭に入って来ないとか〝あるある〟だね…

逆に休むことですごく効率がよくなる…
イギリスのチャーチル首相は60～70歳台でも1日16時間働いてたんだって知ってる?
そんな歳の人が!?
彼は疲れないようにするのが得意な人だったんだって
朝は11時までベッドに入ったまま報告書を読んで命令を出して電話をかける
昼食後は2時間お昼寝をする……
それで疲れることなく働けたんだ
ふーん…
それで結果的には16時間も働けたってことなのかあ
メジャー・リーグの名監督で「試合前に5分でも昼寝をしておくとダブル・ヘッダーでも平気で戦えるがそうでないと5回には選手はへとへとになってしまう」って言った人もいたらしいよ
たった5分の昼寝でそんなに違うものなの
そ 座れるなら座る 横になれるなら横になる
こまめに休むと活動時間も増やすことができるの
体が疲労すると心も弱くなって頑張りがきかなくなる… 普段は気にならないことで気が滅入ったりマイナス思考になっちゃう
だから早めに休むのは心を前向きに保ち続けるって意味でも重要なの

疲労は…風邪をはじめあらゆる疾病に対する肉体的抵抗力を弱める。…疲労は恐怖や心配に対する感情面の抵抗力を低下させる…。だから疲労の予防は、悩みの予防に通じるのである。

——『道は開ける』D・カーネギー　P.315——

…心当たりありすぎるけど…
でも現実はやることが山盛りなんだもん…
休めって言ったって無理だよー…
だからさ
今日休む代わりに明日何をやるかしっかり決めてから帰ろうよ！
明日やること…かあ
…わかったやってみる
終わったことは気にしない
明日のことは寝る前に計画を立てて後は明日考える
これがぐっすり眠るコツだよ！
ありがと
――すっきりした顔しちゃって
…なんかこずえの方がいつの間にか大人になってるみたい
私なんかまだまだだよ
周りのいろんな人が教えて支えてくれて…
そうなんだ
だからこそ私はもっと成長したい
そして私も周りの人達を支えたい……
――決心は固いようね

はい　アルバイトとして使っていただき
芸妓の仕事が一層素晴らしいと思うようになりました
仕事となれば厳しさはいままでと全く違うものよ
この道は終わりがないの
…一生稽古の心構えで臨みなさい
小はるちゃん――
――はい
お母さん…！
…小はるちゃんが続けてくれて嬉しいわ
はい！
いろんな人と交流しながら成長できてそれで相手に喜んでもらえるなんて最高です！
続けていれば大変なこともたくさん出てくるわよ？
覚悟してます
いつか小いち姐さんみたいに芸を身につけて一流のプロとして胸を張れるようになりたいです…！

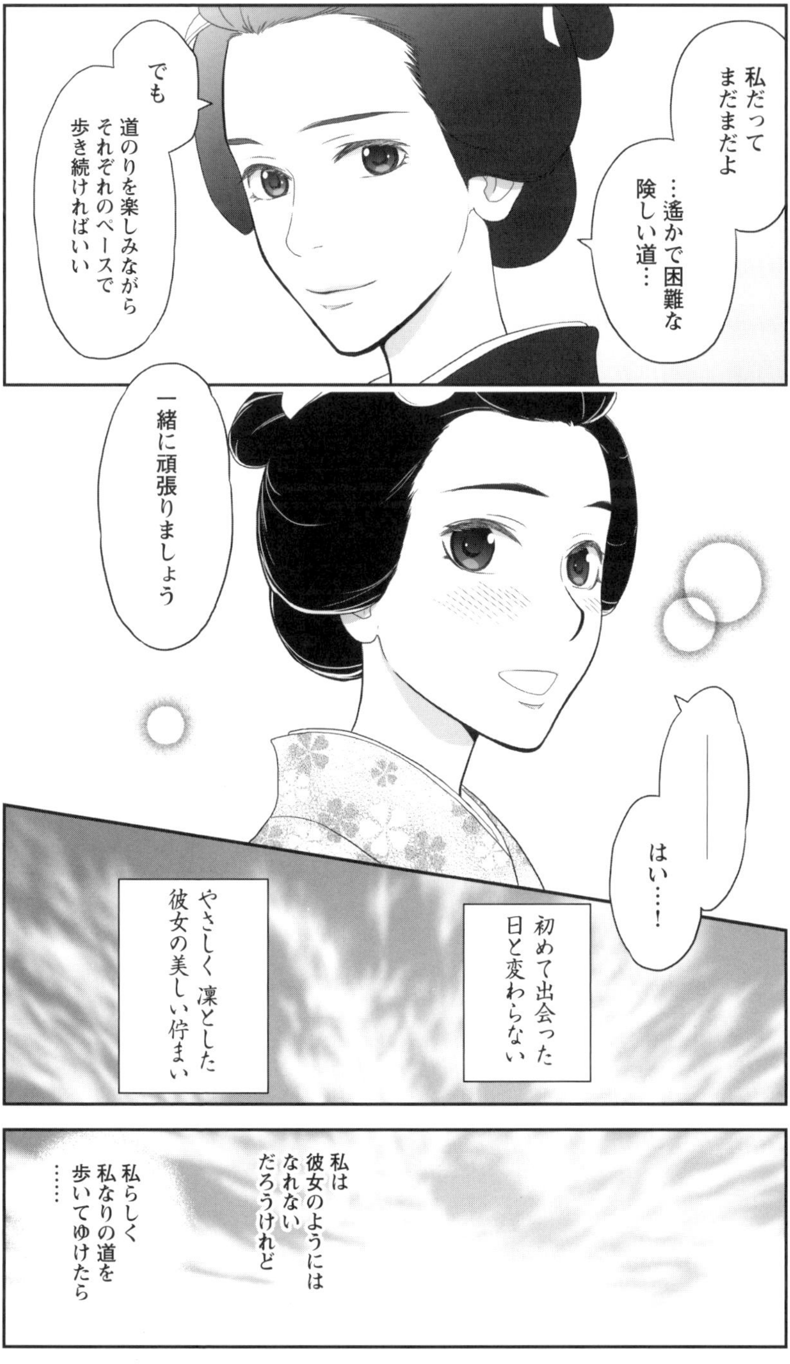

私だって
まだまだよ
…遥かで困難な
険しい道…
でも
道のりを楽しみながら
それぞれのペースで
歩き続ければいいい
一緒に頑張りましょう
――はい……！
初めて出会った
日と変わらない
やさしく 凜とした
彼女の美しい佇まい
私は
彼女のようには
なれない
だろうけれど
私らしく
私なりの道を
歩いてゆけたら
……

長村電器
お兄ちゃん!
ただいま いまから配達?
おう お帰り いや 修理の依頼があってさ
細かい仕事多くて大変だね
それだけ頼りにされてるってことだし 気軽に使ってもらえるのも嬉しいもんさ
お前はこれからバイトか?
うん ――でも 春からは
に
本物の芸妓だからね!
お
…そうか そういえば そう言ってたな
お前が芸妓とはなあ…

市子さん何て言ってた？
「一緒に頑張りましょう」って
そうか
しかしお前が市子さんレベルになるのに何年かかることか………
長村電器
いいの！一生修業だもん！
——だな
…じゃ行ってくる
お前も頑張れよ
うん
行ってらっしゃい！

正しい考え方をすることによって、どんな仕事についても嫌悪感を減らすことができる。…あなたは人生から得る幸福を倍増させることができるかもしれない。なぜなら、あなたは起きている時間の半分近くを仕事に費やしており、その仕事の中に幸福を発見できないのなら、幸福などどこにも見出すことはできないであろう。

——『道は開ける』D・カーネギー　P.355——

— 終わり —

Chapter 8

批判を気にせず、疲れ知らずの人が大きな成果を残す

不当な批判や非難は褒め言葉だと思えばいい

悩みの原因の1つに、他人からの批判や非難がある。無視できればいいが、確かに不当な批判が続くと辛い。だが、カーネギーによれば、批判とは、形を変えた褒め言葉。批判する人は、その相手の存在や活動が気になって仕方がなくて、悪く言うことで優越感を得たいだけ。つまり、相手が自分を批判するのは、自分の価値を認めているからだ。批判・非難の矢とは、見上げる存在にしか放たれない。プロ野球で「アンチ巨人」はたくさんいるが、他チームの「アンチ」をあまり見かけないのもその一例だ。

それでも不当な批判を浴びて、怒りがこみ上げてきたら次の言葉を思いだすといい、とカーネギー。「アインシュタインすら、99%の答えが間違いだったと告白している。私だって完璧なはずはない。案外、この非難は正しいのかも」。こう考えれば、相手の言葉の中にも何かヒントがあるのでは、と思えるはずだ。

不当な批判で傷つくかどうかは、自分次第。批判を前向きに考えて、自分のために活用しようと発想してしまえばいい。そのためにも自分の愚かな言動を日々記録し、自分の欠点について熟知しておくことをカーネギーはすすめている。そうすれば、どんな批判も堪《こた》えないし、そこから学ぶ意欲も湧いてくるからだ。

疲労を予防すると悩みも予防できる

悩まないためには、疲れないことも大事（下図）。カーネギーが提案する4つの仕事習慣を紹介しておこう。

1つ目は、いま関係ある書類以外は、視界の外に片づけること。「やるべきことが終わっていない」というプレッシャーは疲労の原因になる。2つ目は、重要な物事から処理していくこと。〝大物〟を先送りせず、終えて一番すっきりするもの（＝重要なもの）から片づけていく。

3つ目は決断を先延ばしにしないこと。できるだけ未解決の保留事項を減らし、いま決める。「後で決めないと……」と思い続けることは大きなストレス。問題を1つ解決しない限り、次の問題は考えないようにしよう。

4つ目は人に任せること。何でも自分でやろうとせず、人に手伝ってもらえる仕組みをつくると心身の負担が減る。悩みとは考え方、やり方次第でどんどん軽減できるのだ。

☑ 心と体を元気に保ち、悩みを追い出すには

人の批判で悩まない

- **「精力的な大物ほど批判される」と自分を褒める**
  ➡重要な仕事を遂行している人ほど批判の対象になる。批判とは、裏を返せば、「無視できない」という屈折した賞賛であることを思い出す。
- **できることを精一杯やる**
  ➡人の上に立てば、批判や非難はつきもの。褒め言葉を期待せず、「（この状況で）やれることはやった」と思える仕事を心がける。すると、非難は笑って受け流せるようになる。
- **自分の愚行を記録して自分自身を批判する**
  ➡自分が犯した愚かな言動を記録して読み返す。自分の欠点を自分が一番よく知っていれば、正当な批判には（たとえ口調は乱暴でも）素直に耳を傾けることができるようになる。

疲れて心が弱くならないようにする

- **疲れる前に休む**
  ➡疲れを予防するためにしばしば休息する。特に目の疲れには重点的に対処する。
- **不安を追い出す習慣を持つ**
  ➡感銘を受けたフレーズを集め見返して元気を出す、周りの人に関心を持ち良好な関係を築く、寝る前に翌日のスケジュールを整理し寝床で不安を覚えないようにする、など。
- **仕事でストレスを抱えないようにする**
  ➡関係ない書類はすべて視界から片づける。重要な仕事から先に片づける。決断を先延ばしにしない。マネジメントの能力を伸ばす。
- **常に新しいチャレンジを続ける**
  ➡仕事や生活に飽きると、疲れを感じる。日々の変化を楽しんだり、新しい発見や挑戦を楽しむようにする。
- **不眠に悩まされない**
  ➡眠れないときも不眠を気にせず、眠くなるまで仕事や読書をする。リラックスする。運動で身体を疲れさせる。

長寿の秘訣は常識にとらわれず疲れない工夫をすること

第2次世界大戦で英国を指揮したチャーチルは、当時70歳前後だった。しかし、1日16時間も戦闘を指揮していたという。それが可能だった理由は、チャーチルが強靭な肉体の持ち主だったからではない。いわば、手を抜いていたからだ。

チャーチルは朝11時まではベッドで作業。報告書を読み、電話会議もベッドの上。しかも昼寝は2時間だったという。

世界有数の慈善団体ロックフェラー財団の生みの親、ロックフェラー1世にまつわる伝説の1つに、大統領ですら電話に出てもらえなかった話がある。その理由は、巨万の富の持ち主だったからではない。毎日午後30分間は昼寝をしており、その間は何人たりとも取り次がれなかったからだ。そのおかげかは不明だが、ロックフェラーは98歳まで生きた。

心臓さえも実は休んでいる。収縮するごとに一定の休止期間があり、1日に実質9時間しか働いていないという。

人間は精神的活動だけでは疲れない。脳は何時間働いても、働き始めと同じくらい活発に働くという。では疲れの原因は何かというと、感情。退屈、不満や焦りなどを感じることが疲労を生み出す。勉強で疲れるというのは勘違いで、「勉強するぞ」と構えるから緊張し疲れるのだ。つまり、緊張しないように筋肉をリラックスさせていれば、人より長く勉強できることになる。特に神経のエネルギーの4分の1が集まるという目の緊張にはカーネギーも注意を促している。よく休ませよう。

仕事で疲れても、それは充実ではない。疲れないで仕事を終える。これが本当の「仕事がデキる人」だ。

おわりに

本書は、人間関係の改善や能力開発の分野における偉大な教師、デール・カーネギーの『人を動かす』『道は開ける』について、両書の構成にならい、要点を整理しまんがで紹介した1冊です。

『人を動かす』には、周囲への影響力を高めて味方を増やすための方法論が整理されていると言えますが、内容を知ってみると、「人を動かすには、自分を変えるしかない」ということを実感してもらえたのではないでしょうか。他人と過去を変えることはできないが、自分と未来は変えることはできる。よく言われることですが、カーネギーもまた、その真理を突いていました。結局、人のせいにしても、状況は何も変わらない、ということです。

ちなみに、相手の心を操作して結果を引き出そうとする態度は、経営学の父ピーター・ドラッカーも良くないこととして述べています。そうではなく、自分が接し方を変えることによって、相手がそうしたくなる（＝働きたくなる、買いたくなる、欠点を直したくなる……）気持ちを引き出すことが大切なのです。

〝人を動かす〟の「人」には、顧客、従業員、取引先、親、子、友人……とあらゆる人間関係に属する「人」が入ります。しかし、本当に重要なのは「自分」がまず動くこと。人の行動を変え、その変化を持続させるには、自分が変わることが一番なのです。

一方、『道は開ける』は、悩みの克服方法について整理された著書です。

私が経営コンサルタントとして、たくさんの経営者の話を聞いて感じることは、「悩む」ことと「考える」ことを混同している人がとても多い、という事実です。「問題」には解決できるものとできないものがあります。「悩む」とはそのうち、解決できないものについて思いを巡らせること。どうしようもないわけですから、費やされた時間やエネルギーは、何にも実を結ぶことはありません。

一方、解決できる問題は、整理すれば「課題」として見えてきます。カーネギーも解説しているように、状況を分析しながら書き出してみると、いまできることが明確になってきます。そうすれば、具体的に数値目標を立てて行動に繋げていくことも可能になるのです。これが「考える」ことです。

こうしてみると、『道は開ける』は、人生の経営を上手にするコツについてまとめたもの、とも言えるかもしれません。この本は、1人の人間としての生き方について焦点を当てたものですが、組織の意思決定や行動選択にもヒントとなる部分が多いと思います。

本書が、みなさんの可能性をさらに開花させ、飛躍につながるヒントとなれば、うれしく思います。

藤屋伸二

制作スタッフ

まんが	nev
監修	藤屋伸二
編集	宮下雅子（宝島社） 神崎宏則（山神制作研究所） 日下淳子
取材・文	牧原大二
本文デザイン・DTP	遠藤嘉浩・遠藤明美・縣 沙紀（株式会社 遠藤デザイン）
取材協力	湯河原芸妓屋組合
おもな参考文献	『人を動かす 新装版』（デール・カーネギー 著、山口 博 訳）『道は開ける 新装版』（デール・カーネギー 著、香山 晶 訳、ともに創元社）、“How to Win Friends and Influence People”(Dale Carnegie, Simon & Schuster), “How to Stop Worrying and Start Living (Revised Edition)”(Dale Carnegie, Pocket Books)

Profile

〔まんが〕

nev

まんが家、イラストレーター。『まんがと図解でわかるニーチェ』(白取春彦 監修)、『まんがと図解でわかる宇宙論』(竹内 薫 監修)、『爆笑コミックエッセイ 株主優待だけで優雅な生活』(みきまる、www9945 著)、『まんがでわかるドラッカーのリーダーシップ論』(藤屋伸二 監修、いずれも小社刊)などでもまんがを描いている。

〔監修〕

藤屋伸二(ふじや・しんじ)

藤屋マネジメント研究所所長、差別化戦略コンサルタント。1956年、福岡県生まれ。1998年からドラッカー研究を始める。そして独自の差別化戦略のコンサルティング手法を開発し、中小企業を対象とする“ドラッカーを活用した差別化戦略”の導入を得意とする。これまでに200社以上の業績V字回復や業態転換などを支援してきた実績を持つ。著書・監修書には『まんがと図解でわかるドラッカー』『まんが 元自衛官みのりドラッカー理論で会社を立て直す』『まんがでわかるドラッカーのリーダーシップ論』(いずれも小社刊)などがあり、累計発行部数は183万部超。セミナーなども積極的に行っていることから、「日本でもっともドラッカーをわかりやすく伝える男」「ドラッカーの伝道師」と呼ばれている。現在、中小企業にドラッカー活用法を普及させるための【藤屋伸二の創客塾】を主宰している。
http://drucon.jp

～デール・カーネギーについて～

デール・カーネギー (Dale Carnegie、1888 ～ 1955年) は、アメリカ合衆国ミズーリ州に生まれ、州立教員養成大学を1908年に卒業。セールスパーソン、俳優、軍役、講演マネージャーなどを経て、スピーチ技術を教える夜間授業の講師枠をニューヨークのYMCAにて獲得。インタビュー、プレゼンテーション、人間関係のコツなどもテーマにした授業は大成功を収め、後にD・カーネギー研究所を設立。1936年に著した『人を動かす』(創元社) は、ビジネス・コミュニケーションのバイブルとして世界各国語で訳され大ベストセラーとなる。その他の著書に『道は開ける』『話し方入門』(ともに創元社)、『カーネギー 心を動かす話し方 一瞬で人を惹きつける秘訣』(ダイヤモンド社) など。

まんがでわかる
D・カーネギーの「人を動かす」「道は開ける」

2015年 4月23日 第1刷発行
2024年 3月 9日 第5刷発行

監修 藤屋伸二
まんが nev
発行人 関川 誠
発行所 株式会社 宝島社

〒102-8388 東京都千代田区一番町25番地
電話：営業 03-3234-4621／編集 03-3239-0927
https://tkj.jp

印刷・製本 サンケイ総合印刷株式会社

ISBN978-4-8002-3561-9